小さな会社を買って成功するための

個人M&A大全

サラリーマンから経営者になる!

寺嶋直史
原田総介
幡野康夫
小野田直人

失敗しない「企業買収」と「中小企業経営」の極意

standards

はじめに

今なぜ、「個人M&A」なのか？

本書は、現代を生きるサラリーマンに大きなメリットをもたらす「個人M&A」の詳しい内容紹介と、その実践方法を解説する目的で執筆いたしました。

「個人M&A」とは、企業で働くサラリーマンなどの個人が、他の会社を買収して経営する方法を指します。

M&Aといえば、かつては大企業同士が数百億円以上の巨額で会社を売買するというイメージでしたが、近年では中小企業が数百万円程度で売買される「スモールM&A」が盛んに行われるようになっています。その背景には、中小企業の後継者が不在で経営者の高齢化が進み、親族外の承継ニーズが増加してきたこと、そしてM&Aマッチングサイトが増加し、安価で気軽に会社が買えるようになったことが挙げられます。

その他、スマホやＳＮＳの台頭によって、個人レベルでの活動の幅が広くなってきたも、ひとつの要因といえるでしょう。ＳＮＳでユーザーの誰もが世界中に発信できる環境になり、「会社に縛られない、自分らしい人生を送りたい」と主張する人が増えるなど、社会の気運も様変わりしてきました。そしてユーチューバーやフリーランサーなど、会社に所属しなくても個人で稼ぐようなタイプが増え、職業選択の幅が一気に広がりました。

このような流れのなか、「個人Ｍ＆Ａ」がメディアで取り上げられるようになり、世間で注目を集めるようになりました。それまでハードルが高いと思われていたＭ＆Ａが、実は個人でも気軽にできることがわかったからです。

また個人Ｍ＆Ａは、ユーチューバーやフリーランサーとして独立したり、企業を立ち上げたりする場合と比べて、成果を出しやすい一面があります。なぜなら、本人の才能や技量に自信がなくても、買い手企業の人材や商品、顧客などのリソースを活用することができるからです。つまり、個人的な魅力や突出したスキルを持ち合わせていなくても、一定のビジネス経験を積んでいれば、誰でも経営者として成功できる可能性があるのです。特に総合職として働く人や、管理職経験のある人にとっては、個人M&Aは相性がいいといえるでしょう。

こうした背景の中で「会社に雇われるのではない、雇う側で働きたい」と考えるサラリーマンが個人M&Aを選択するようになり、現在では小売業やサービス業、製造業など、さまざまな業種で盛んに行われるようになっています。

事業の中身を把握せずに買収されている現状

私は事業再生コンサルタントとして、さまざまな再生企業の支援を行っています。

事業再生コンサルティングの仕事は、再生企業（業績低迷で資金繰り難に陥った企業）の業績を改善することです。具体的には、まずは「ビジネスデューデリジェンス（以下、ビジネスDD）」で、再生企業の調査・分析を行って問題点・強みを抽出し、問題点の改善や強みを活かした施策（成長施策）を構築し、「事業調査報告書」にまとめます。次に「経営改善計画書」と、具体的改善行動を示した「アクションプラン（再生に向けた具体的施策とそのスケジューリング）」を作成します。そして最後に「実行支援」という、実際に現場に入った形での企業再生支援を行います。

このように事業再生コンサルティングは、目の前の企業をいかに再生させるかがポイントなのですが、再生企業の多くは、経営者が高齢化し、後継者も決まっていないため、「事業再生」だけでなく「事業承継」の問題も抱えています。そこで再生企業の出口戦略をきっかけに、２０１７年にＭ＆Ａ事業に参入しました。

しかし私は、Ｍ＆Ａの現状を見て大きな違和感を覚えました。それは、企業の事業内容を把握しない中で会社が買われていることです。　事業再生コンサルティングでは、前述のとおり、徹底して事業内容を分析し、さまざまな課題を解決するための提案を行います。

つまり、事業の「中身」を把握した上で、改善策や成長施策を構築して具体的アクションを起こしているのです。

この「中身の把握（現状把握）」というのは、判断と決断、行動の「質」と「スピード」を向上させるために必須のタスクであり、どのような状況でも当てはまります。

例えば、私たちはプライベートでの日常生活の中でいろいろな買物をしていますが、その際にはその中身を検討した上で、購入するものを決定しています。

具体的にいうと、日用品や文具では使い勝手などの機能性、衣服ではデザインや色合い、そして試着をしたときの着心地などを確認します。また、家電やＡＶ機器では、その機能性や操作性、大きさやデザインなどについて検討します。ビジネスの世界でも、部品や材料、商品の仕入について、さまざまな選択肢からそれらの中身を吟味し、購入を決定しています。

このように、プライベートでもビジネスでも、中身を吟味した上で判断し、購入の可否を決定する行為を、誰でも当然のように実施しています。

しかし**M＆Aの世界では、私たちが日常生活で当然に行っている「中身を吟味して判断する」ことを多くの場合、実施できていません。**特に個人M＆Aで対象となる中小企業というのは、同じ業種で同種の製品を作っていても、事業の中身がまったく違ってきます。経営手法や組織体制、戦略や戦術、管理体制や業務フロー、各作業方法、そして従業員のスキルや商品自体の特徴も、各企業によってそれぞれ異なっているのです。そのような状況でも、M＆Aの市場では、売手企業の事業の現状を把握しないまま買収してしまう例がよく見られます。そのため、買収した後に「失敗だった」と考える社長が後を絶たないのです。

買い手側にとってM＆Aを成功させるための極意は大きく2つあります。**それは、「選び方」と「経営」です。**

個人M&A成功の極意❶「選び方」

まずは「選び方」ですが、これは**対象企業を買収するかどうかを吟味して、適切な企業を選択すること**です。

買い手側は、企業の場合は自社が買収したいと考えている業種をあらかじめ特定されているケースが多いですが、個人M&Aの場合は、どの業種を選ぶかというところから始める場合が大半でしょう。そして各業種の特徴については、さまざまな書籍やネットなどで情報を収集することが可能です。

ただし、自身が本当に買いたい企業なのか、買った後も自身でしっかり経営ができる企業なのかどうかを判断するためには、事業の「中身」を把握しなければなりません。事業の中身を把握していなければ、イメージや感覚だけで判断するか、あるいは「赤字だからダメ」「黒字だからOK」というような表面的で短絡的な判断しかできなくなるのです。

実際には、黒字で業績の良い企業は企業価値が高くなります。さらに一般企業が買い手として参入して競争も激しくなるため、買収金額も高額になって、個人ではなかなか手が出ません。しかも市場環境の変化が激しい中、その会社が黒字を継続できるとは限りません。

一方で赤字企業は、企業価値が低く、買い手も集まりにくいため、比較的安価で買収が可能です。しかも赤字であっても、買収後に問題点を抽出して改善し、強みを活かした成長施策を打ち出せば、すぐに黒字化できる企業も少なくありません。赤字企業であっても成長性という視点で見ると「お買い得」になる場合も大いにあります。

このように「選び方」とは、まずは買い手側が、対象企業の特性と事業内容を把握するための知識を持つことが重要になります。

個人M&A成功の極意❷「経営」

続いて「経営」で大切なことは、**買収後に企業を安定化させ、かつ継続的に成長させることです。**

業績を安定化させるためには、さまざまな施策を実行する必要がありますが、ポイントになるのは、主に**3C分析**と**PDCA**を回すことです。3C分析は本書の第6章、PDCAは第7章で具体的に説明していますが、ここで簡単に説明します。

3C分析とは、自社（Company）、競合（Competitor）、顧客（Customer）の頭文

字を取ったもので、自社・競合・顧客の現状を分析するためのフレームワークです。これは、自社・競合の強みと弱み、顧客のニーズを把握することで、経営を行うにあたって常に3Cの現状や変化に注目しながら経営を行うことが大切になります。

そしてPDCAとは、計画（Plan）、実行（Do）、検証（Check）、改善行動（Action）の頭文字を取ったフレームワークです。具体的には、業績の現状を踏まえ、現場の問題点や顧客のニーズなどの3Cの現状をタイムリーに把握した上で施策の計画を立て、それを実行し、その実行結果の検証を行って、改善行動をする、というサイクルを繰り返すことです。

つまり、企業を安定化させ、成長させていくための経営を行うには、常に現状を把握することから始めなければならないのです。もし現状把握を怠ると、問題点やニーズの変化を捉えらないため、問題が山積み状態となったり、ニーズに対応できずに顧客離れを起こしたりするため、経営は悪化していきます。

そこで本書では、一般的なM&Aをテーマにした書籍でよく扱われる「手続き」ではなく、「買い手が本来認識すべき「選び方」と「経営」＝買収企業を見極める手法と、買収後に適切に経営をするためのポイントという、M&A成功のための「極意（中身）」

について重きを置いて解説していきたいと思います。

僭越ではありますが、本書によってひとりでも多くの方がM＆Aに成功し、日本の中小企業の発展のために少しでも貢献できることを願っています。

（株）レヴィング・パートナー
代表取締役　寺嶋直史

第1章 日本の小さな会社を救う「個人M&A」

第4章 M&Aの全体像を知る

第5章 企業買収前に押さえるべき「企業特性」

第6章 企業買収直前に行う「強みと課題の把握」

第7章 中小企業経営で押さえるべき「重要ポイント」

※本書における各章の執筆担当は、以下の通りです。

第1章　幡野、小野田
第2章　寺嶋
第3章　寺嶋
第4章　(1〜5)原田、(6)寺嶋
第5章　寺嶋
第6章　寺嶋
第7章　寺嶋

出版コーディネータ：小山睦男(インプルーブ)
ブックデザイン：bookwall
DTP制作・図版作成：西村光賢

第1章

日本の小さな会社を救う「個人M&A」

「M&A」と聞くと大企業の合併や買収がイメージされがちですが、最近は中小企業のM&Aや個人が会社を買うケースが増えています。まず最初の章では「個人M&A」が増える背景と、サラリーマンが「個人M&A」にチャレンジする意味や可能性について解説します。

1 中小企業は後継者不足で大廃業時代へ

会社と個人事業者を含めた日本の企業数は、1999年には485万社でしたが、2016年には359万社になり、実にこの間、約1／4の企業が姿を消しました。

「今後5年間で30万以上の経営者が70歳になるにもかかわらず、6割が後継者未定」

「高齢化が進むと企業の業績が停滞する」

「70代の経営者でも承継準備を行っている経営者は半数」

これらの現状に危機感を抱いた中小企業庁は、2017年7月、事業承継のための支援を集中的に実施するため、「事業承継5カ年計画」を策定しました。そして2020年は5カ年計画の4年目にあたりましたが、この間、国は事業承継を地域で支援するためのプラットフォーム（事業引継ぎ支援センター）を設置して、事業承継のための啓蒙活動やマッチング支援に力を入れつつ、「事業承継税制」や「事業承継

●休廃業・解散、倒産件数の推移

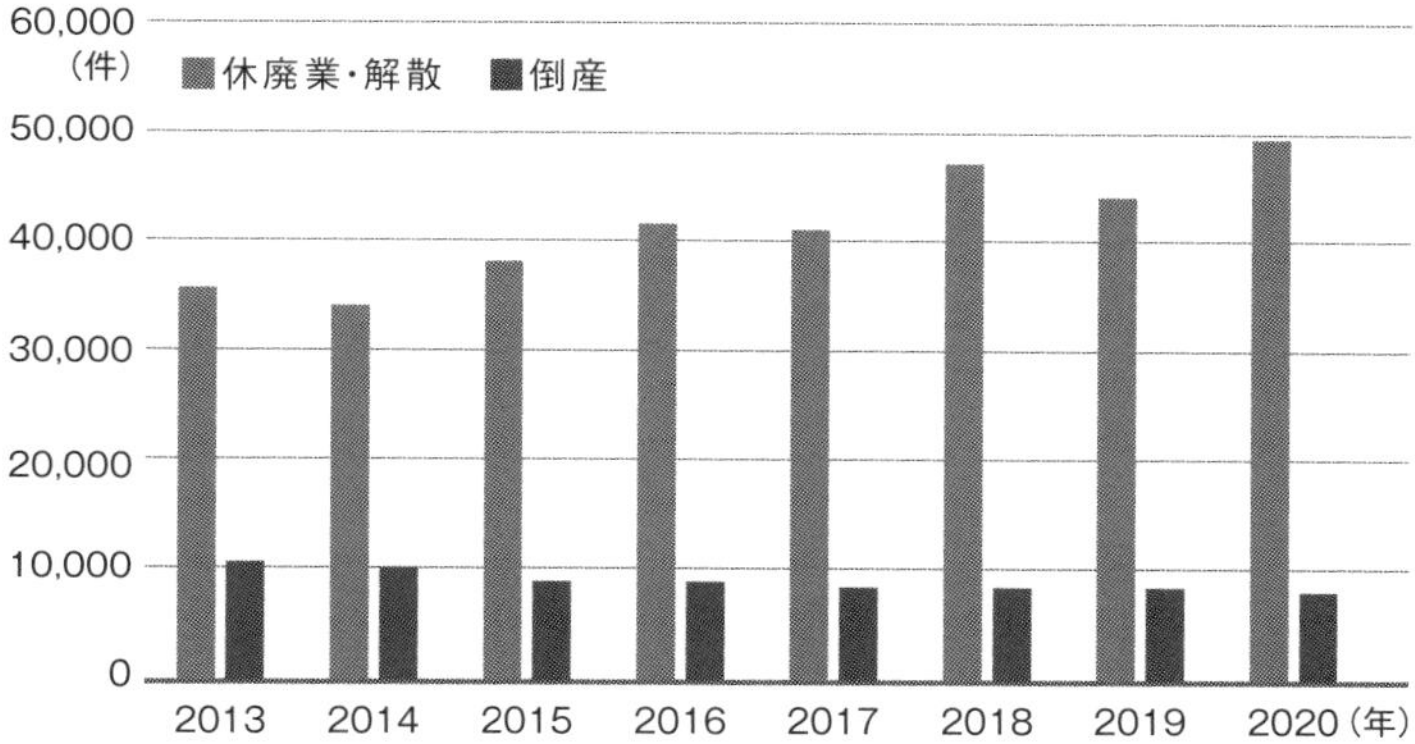

（出典）2020年「休廃業・解散企業」動向調査（東京商工リサーチ）

補助金」などの施策を実施し、中小企業の承継支援に力を入れました。筆者たちの周りでも、商工会議所の支援を受けて事業承継計画を作成した企業や、事業承継補助金を活用して販路拡大のための新たな取り組みに着手した企業、経営資源引継ぎ補助金を利用して会社を売却（Ｍ＆Ａ）した中小企業の経営者など、いくつかの取り組み事例がありました。

これらの施策が一定の効果を生んでいるのは間違いありませんが、小手先の施策という印象は拭えません。**それは、事業承継が進まない真の原因である「後継者難」、そして「業績低迷」「借入過多」「連帯保証」といった各種問題の抜本的解決策を講じたとは言えないからです。**

そして日本中がコロナ禍に見舞われた2020年に休廃業・解散した企業は4万9698件に上り、2000年の調査開始以来過去最高を記録、これらの企業に勤務していた従業員12万人以上が勤務先の変更や離職を余儀なくされました。

「休廃業・解散」とは、経営者の高齢化や後継者不足などを原因として、経営者が自ら事業をストップしたケースです。

休廃業・解散を選択した経営者は70代が41・7%と最も多く、60代以上で全体の84・2%を占めており、高齢になった経営者が事業の継続を断念するケースが多数発生していることがわかります。

そしてこれら休廃業・解散を選択した企業の6割以上が直前決算で黒字を計上していたことからも、事業の引継ぎ手がいれば存続できたはずの企業が相当数含まれていたことが伺われます。

一方「倒産」件数は、破産や民事再生法の適用を受けたケースや手形・小切手の不渡りから銀行取引停止となったケースなど、債務の支払不能などで経済活動を続けることが困難になった企業を集めています。

2020年は、新型コロナウィルス感染拡大を受けて倒産件数の増加が懸念されて

●「後継者難倒産」の要因

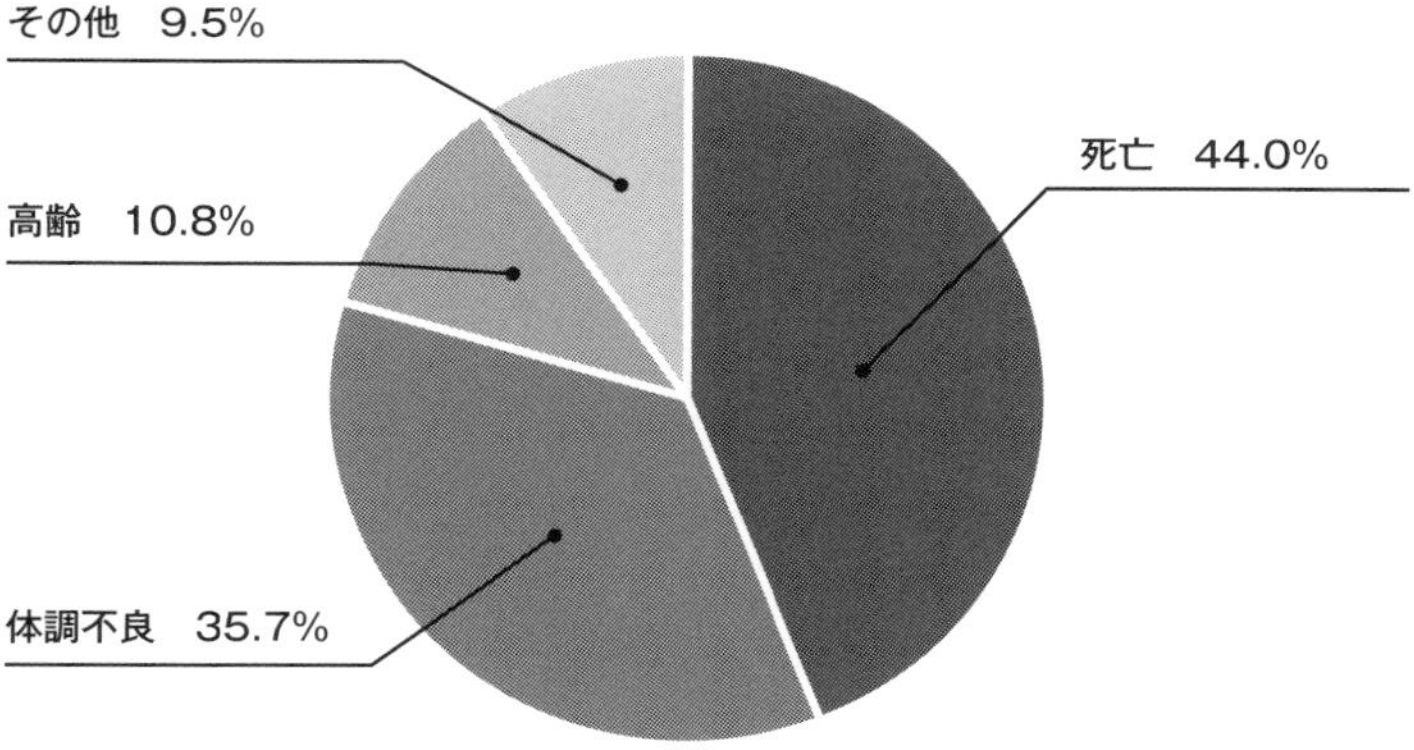

（出典）「後継者難」の倒産状況調査（東京商工リサーチ）

いましたが、持続化給付金や無利息貸付けなど政府の支援策の効果もあり、全体では７７７３件と、前年の８３８３件から７・２％減少しました(東京商工リサーチ調べ)。

しかし、倒産件数のうち、代表者の死亡や体調不良など、「後継者難の倒産」に絞って見てみると、２０１９年の２７０件から、２０２０年は３７０件(前年比37・０％増)と過去最多を記録し、あらためて後継者難で事業が行き詰まるケースが多いことがわかりました。同調査においても、多くの中小企業は、代表者が経理や営業、人事など経営全般を担っているため、代表の死去や病気、体調不良などに直面すると事業運営に支障をきたすリスクが顕在化しつつある、と指摘しています。

国は円滑な事業承継のために、さまざまな支援策を講じていますが、日々中小企業の経営者と接して感じるのは、現在健康で日常業務に飛び回っている彼らにとって、事業承継の話が大切なのは頭ではわかっていても、**経営者が病気にでもならない限り、緊急性が低いと判断され、具体的に議論するのが難しいケースが多いということです。**

また、事業承継の支援に力を入れている専門家からも、このまま経営者が年を重ねた場合でも後継者候補がいないリスク、後継者の育成には一定の時間がかかる悩み、さらには株式の扱いや借入金の連帯保証の問題など、論点を整理して検討する前の段階で止まってしまうケースが多く、なかなか議論が進まないという話をよく聞きます。

このようなことからも、**休廃業・解散件数や後継者難倒産の件数は高止まりしたまま推移することが懸念されます。**

2 「組織の時代（サラリーマン）」から「個の時代（経営者）」へ

「部下を褒め、妻に気遣うテレワーク」
「副業で出前届ける部下の家」
（第34回サラリーマン川柳優秀100句より）

２０２１年１月に発表されたサラリーマン川柳の優秀賞には、突然の働き方の変化にとまどいながらも奮闘するサラリーマンの姿が、ユーモラスに表現されていました。コロナ禍による働き方の変化は半ば強制的なものでしたが、サラリーマンを取り巻く雇用環境は確実に変化しています。

日本の高度成長期（１９５５年〜１９７３年）において、「終身雇用」「年功序列」「企業内組合」が「日本的経営の三種の神器」と言われ、日本の経済成長を支えた仕組み

●退職者1人平均退職給付額　大学・大学院卒（管理・事務・技術職）

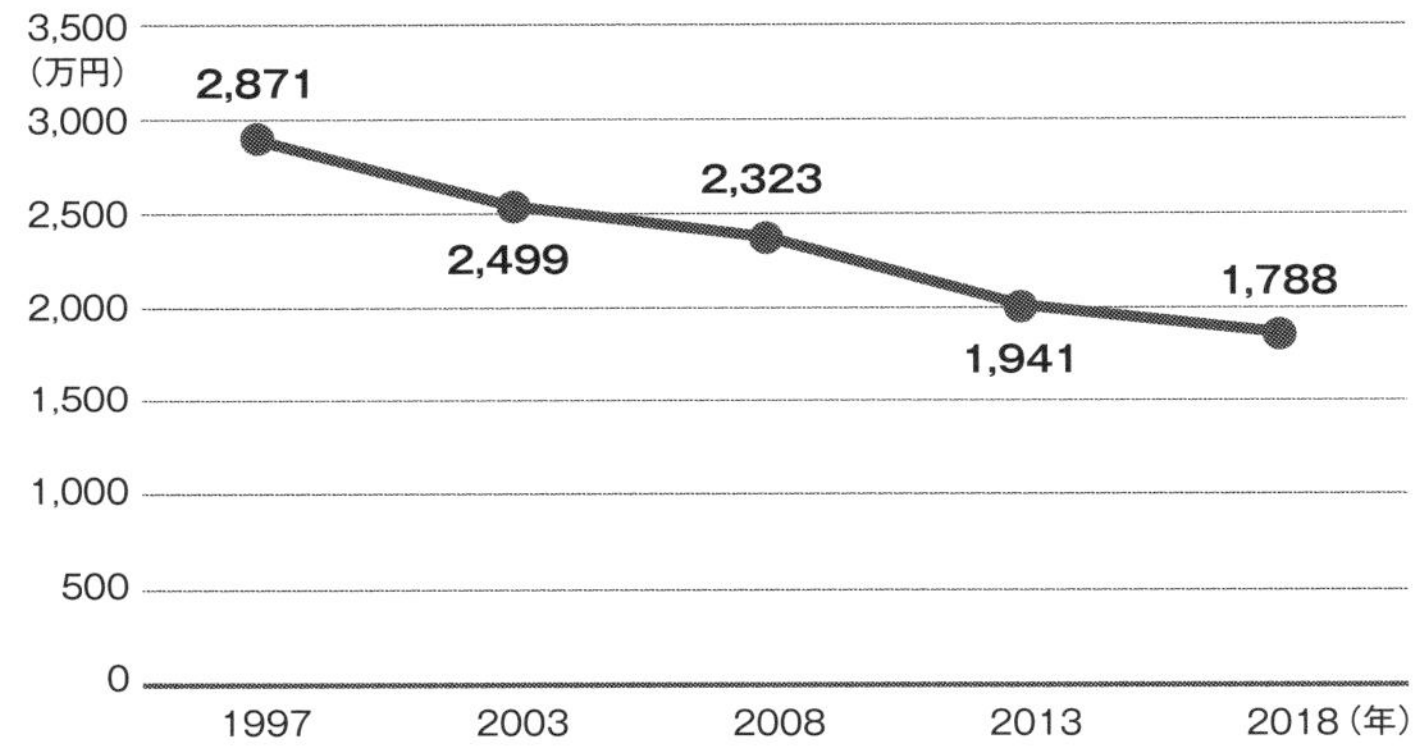

（出典）厚生労働省「就業条件総合調査」を基に作成

だと言われました。しかし高度成長期が終焉して既に40年以上が経過しました。最近では、大企業のリストラや希望退職者募集のニュースに誰も驚かなくなっています。

経団連の中西会長は、２０１９年５月の定例会見で「終身雇用は制度疲労」と発言し、２０２０年１月の日本経済新聞のインタビューでは「新卒一括採用、終身雇用、年功序列型賃金が特徴の日本型雇用は効果を発揮した時期もあったが、矛盾も抱え始めた。今のままでは日本の経済や社会システムがうまく回転しない。雇用制度全般の見直しを含めた取り組みが重要だ」と述べました。

それを裏付けるかのように、サラリーマンが手にすることができる退職金の額も右肩下がりになっており、公的年金の支給開始年齢の引き上げの影響も踏まえると、**サラリーマン一人ひとりが今後どうやって収入を確保し、家族の生活を守っていくかについて、会社任せにせず主体的に考える必要性が増しています。**

また、サラリーマンにとって収入確保は重要ですが、日々の「働きがい」も大切です。厚生労働省は労働経済白書の中で、**「ワーク・エンゲージメント」**という概念で「働きがい」について分析しています。

「ワーク・エンゲージメントが高い人」は、仕事に関連するポジティブで充実した心理状態を持って仕事ができており、

●ワーク・エンゲージメントの概念

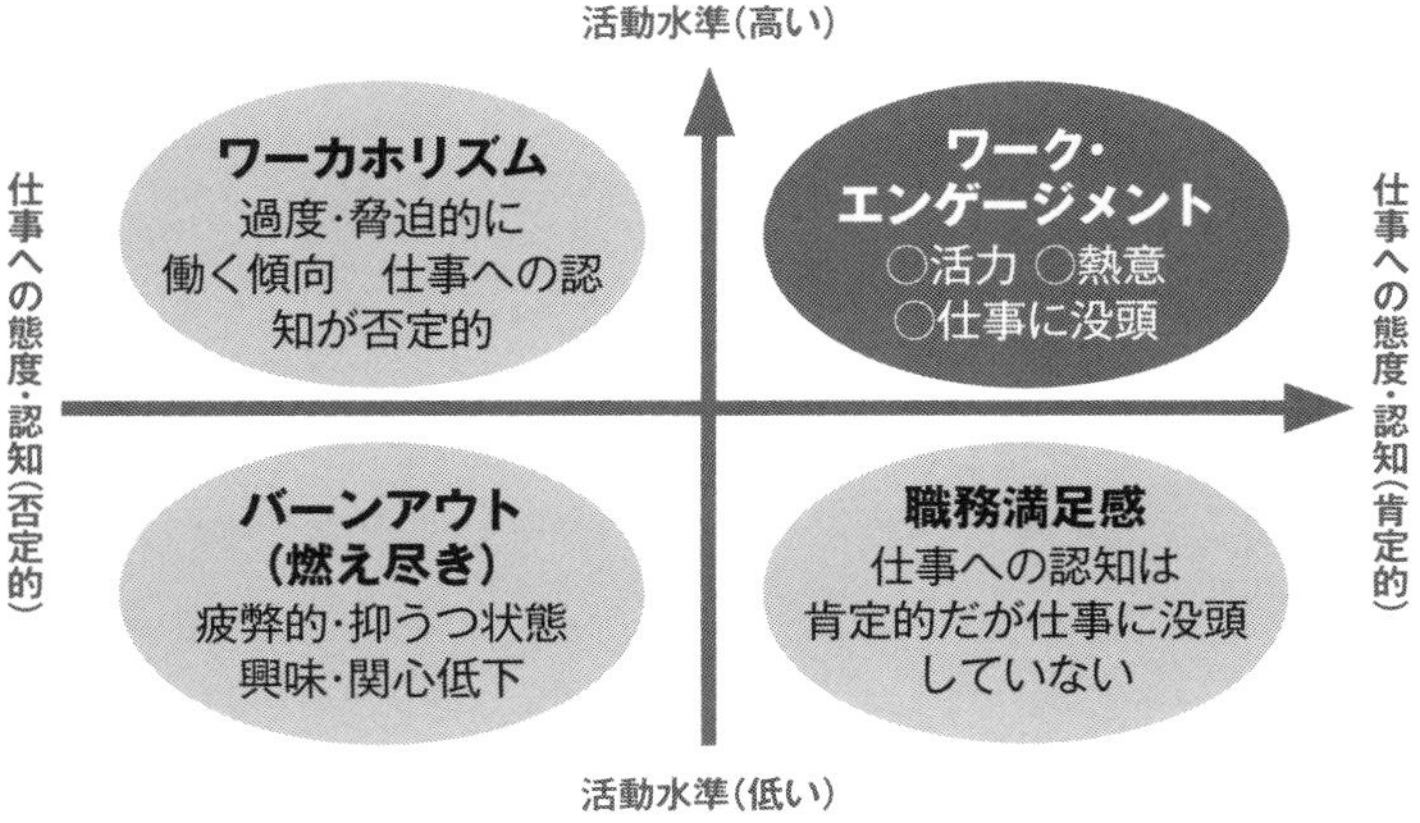

（出典）厚生労働省「（令和元年版）労働経済白書」を基に作成

●働きがいの概況（正社員）

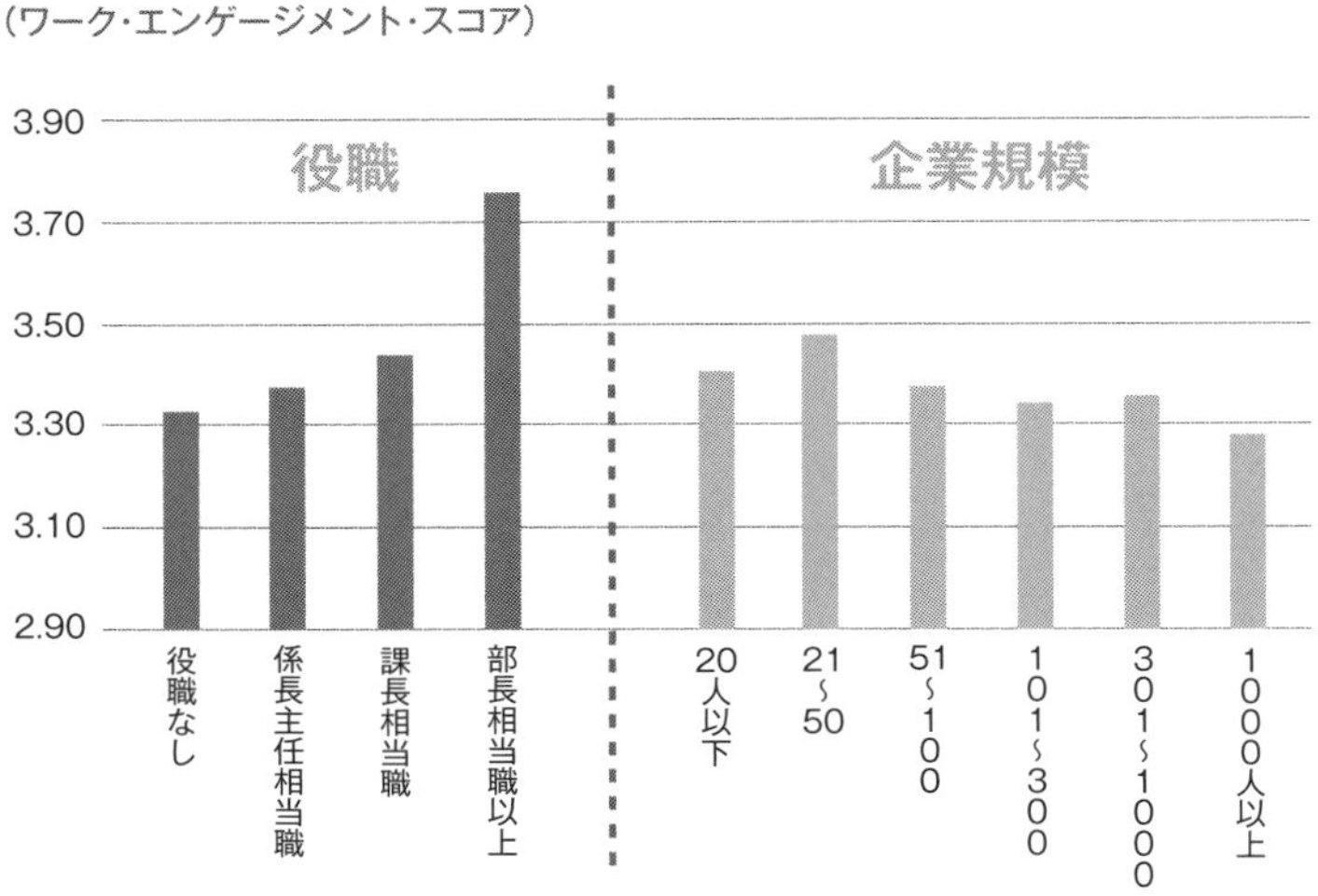

（出典）厚生労働省「（令和元年版）労働経済白書」を基に作成

具体的には、**❶仕事から活力を得て生き生きとしている（活力）、❷仕事に誇りとやりがいを感じている（熱意）、❸仕事に熱心に取り組んでいる（没頭）**の3つが揃った状態だとしています。

そして、年齢別または役職別には、加齢または職位・職責が高くなるにともなって、ワーク・エンゲージメントは高くなる傾向があり、これは自己効力感（仕事への自信）や仕事を通じた成長実感が高まることに加えて、仕事にコントロールが効きやすくなることなどが影響している可能性が考えられるとしています。

特に40代後半～50代以降になると、この「自己効力感」や「仕事にコントロールが効きやすくなる」ということが、毎日の働きがいにとって大切な要素だと実感します。

しかし、多くのサラリーマンにとって40代後半から50代というのは、職場における立ち位置や将来のポジションが明確になってくる時期でもあります。また50代中盤を過ぎると、会社によっては役職定年で年収が大幅に下がり、仕事の内容も大幅に変わる時期でもあります。役職定年者への調査では、9割以上の人が年収減となり、約4割の人は年収

●勤め先でのストレスの原因

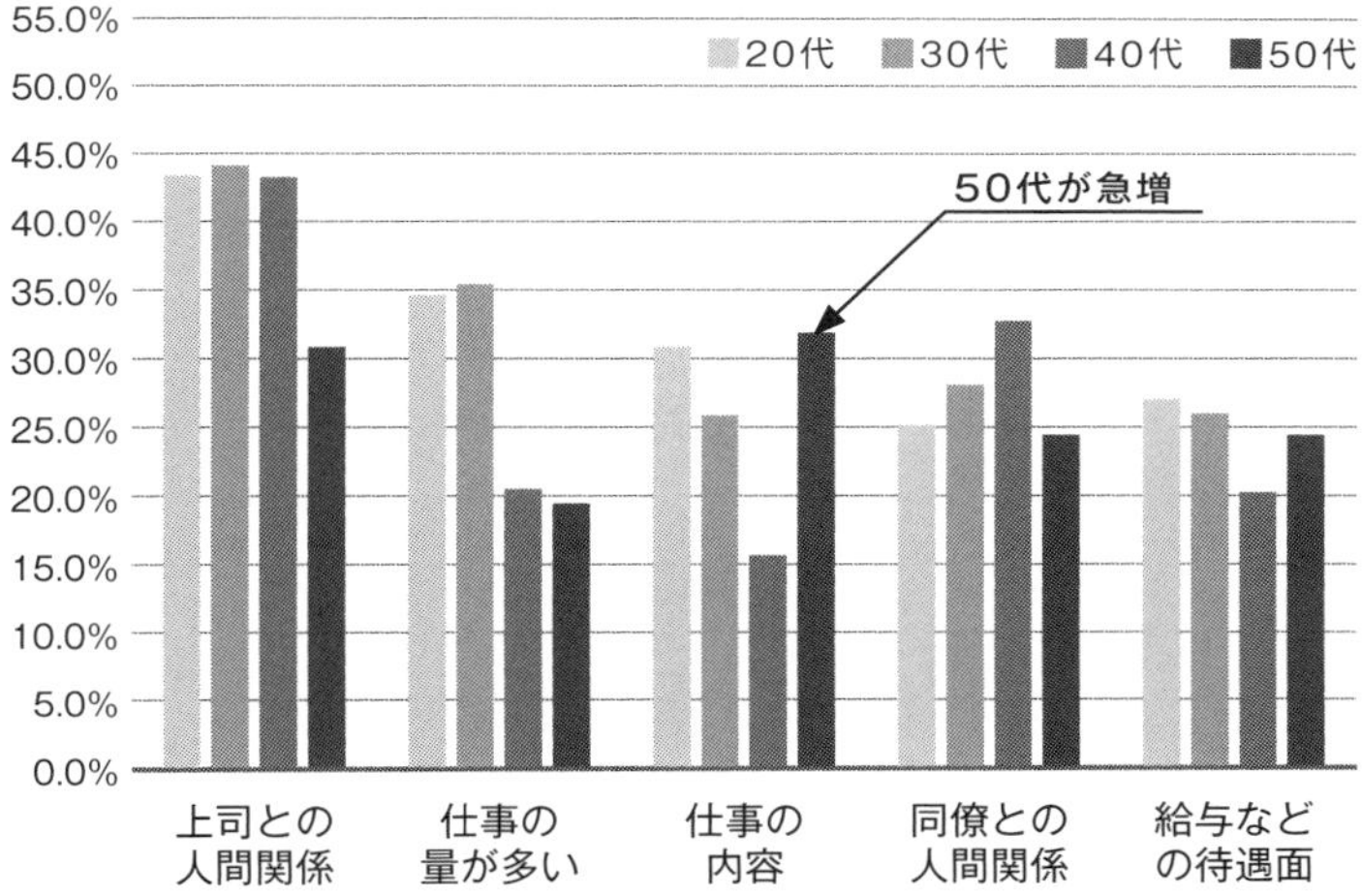

（出典）チューリッヒ生命「2018年パーソンが抱えるストレスに関する調査」を基に作成

が半分未満にダウンしたと回答しました。そして年収が下がった人の約6割はモチベーションが下がり、このうち2〜3割は「かなり下がった」と回答しました（明治安田生活福祉研究所調べ）。

また別の調査では、職場でのストレスの原因として、20代から40代の男性は「上司との人間関係」がいちばん多いのに対し、50代になると「仕事の内容」にストレスを感じる割合が急増しました。

このようなことからも、**サラリーマンにとって50代からの働きがいをいかに確保していくべきかが重要であり、職業人生後半の生き方を考え、準備をはじめる必要性が増しているこ**とがわかります。

3 人生が変わる！ 個人M&A

日々中小企業の経営者と接して感じることのひとつが、「給料日」に対するサラリーマンとの認識の違いです。サラリーマンにとって次の給料日は待ち遠しい存在ですが、資金繰りの関係で給料日が頭痛の種という経営者はたくさんいます。

社会環境の急激な変化に伴い、パラレルキャリア、副業、兼業、転職、フリーランス、独立起業など、働き方に関するさまざまな情報に接する機会が増えています。コロナ禍で在宅ワークが増え、副業的な活動に興味を持ち始めたサラリーマンの方も多いのではないでしょうか。

サラリーマンが今後の身の振り方を考える際、給料を貰う立場を続けるか、給料を払う立場を目指すのか（あるいは、自分の食い扶持だけ稼ぐのか）、いずれが自分に合った働き方かを見極めて行動することは大切です。給料を貰う（雇用される）立場

●働き方とステータスの関係

	サラリーマンのまま活動できる	収入確保が目的	自分で仕事の内容を決められる	既存顧客がいる	収入が確保できなくなるリスク
パラレルキャリア	◎	×	△	-	低
副業	◎	△	△	-	低
兼業	△	○	○	-	低
転職	-	◎	△	-	低
フリーランス	×	◎	◎	△	高
独立起業	×	◎	◎	△	高
個人M&A	× 場合によっては△	◎	◎	◎	中

（出典）「ダイヤモンド・オンライン」（https://diamond.jp/）2018年11月7日掲載
「山崎元のマルチスコープ」の記事を参考に著者作成

を選択する場合は、雇い主の指揮命令下で働くことになりますから、自分で仕事の内容を決めるという自由度は少なくなります。

一方で「起業」とは、新しく事業を始めることを言い、自分でビジネスチャンスを見つけて顧客開拓を進めるタイプが代表的ですが、最初からフランチャイズチェーンに加盟して、一定のノウハウを受け入れて店舗経営に乗り出すケースもあります。また「フリーランス」とは、特定の組織に雇われることなく、案件ごとに業務委託契約を結んで活動する働き方を言います。

いずれも自分で仕事の内容を決められる自由度は高くなりますが、継続して顧客を維持・開拓する努力は欠かせませんし、収入の不安定さや、健康や気力が保たれなくなった場合の収入の維持に不安を感じる方も多くいます（ゼロから起業することの難しさについては後述します）。

そして最近、**「個人M&A」「スモールM&A」「ミニM&A」**という言葉を目にする機会が増えてきました。「M&A」とは企業の買収や合併を意味し、一般的にはマスコミで取り上げられるような大企業の合併や買収がイメージされがちですが、ここ数年は中小企業のM&Aが着実に増えています。

本書では、より主体的な働き方を選択するサラリーマンにとって、転職や独立起業以外にも、今後は「個人M&A」により事業を承継するケースが増えることを想定し、買収企業を見極めるための手法や、買収後に適切に事業経営を行うための極意を紹介していきます。

なお、転職や独立起業に比べると、まだまだ「個人M&A」に関する情報は少ないですから、本書以外にも、次に紹介するような書籍も参考にすると良いでしょう。

「個人M&A」をテーマにした書籍

●『サラリーマンは300万円で小さな会社を買いなさい』(三戸政和 著/講談社+α新書)

著者がネット上で執筆した記事が反響を呼んだことから出版され、ベストセラーになりました。「サラリーマンが中小企業の社長になって経験と能力を生かして活躍しよう」「会社という『箱』を所有して『資本家』になって『資産家』を目指そう」という呼びかけは、多くの関心を呼びました。その後続編の書籍も刊行されています。

●『起業するより会社は買いなさい』(高橋聡 著/講談社+α新書)

著者はM&Aマッチングサイト「TRANBI《トランビ》」の創業者。自ら製造業の会社を事業承継する中で取引先の多くが経営者の高齢化により廃業する実態を見て、同サービスを始めました。マッチングサイトを使ってM&Aを行う際のプロセスや実際の売買事例も複数紹介されています。

●『サラリーマンが小さな会社の買収に挑んだ8ヵ月間』(大原達朗 著/中央経済社)

サラリーマンが中小企業のM&Aに興味を持って、買収に取り組む様子をストーリー仕立てにしながら、実際にそれぞれの段階で必要となる手続きや気をつけるべきポイントなどをわかりやすく紹介しています。

またWeb上でもM&Aの仲介業者や専門家の記事が確認できます。発信者の立場によって、「個人M&A」に肯定的な意見や否定的な意見が入り混じっている印象ですが、リスクを十分認識するという意味で否定的な意見も含めて情報収集すると良いでしょう。そして、否定的な意見の中には、**「中小企業経営の実態を知らないサラリーマンに中小企業の経営は難しい」**というものがあります。

本書では第2章以降で中小企業経営の実態や特性、中小企業経営の魅力について述べています。第3章では個人M&Aが失敗してしまう要因を中小企業経営の視点から掘り下げて記載し、第5章、第6章では買収前に押さえておくべき企業特性や買収前に会社の強みや課題を把握する方法について述べています。

ぜひそれらを確認した上で「個人M&A」についての検討を進めてください。

4 会社は「ネット」で買う時代

かつては企業を買収する投資会社や事業者のことを「ハゲタカ」と呼んで警戒する時代がありました。その後、大企業が成長戦略にM&Aを積極的に活用するようになり、近年は中小企業の大廃業時代から大承継時代へ突入して、中小企業にとってもM&Aは事業承継の主要な手段となりました。

そして現在では、さまざまなマッチングサイトが立ち上がり、サラリーマンでも手軽に会社が買える環境が整いつつあります。

マッチングサイトを使って会社を購入するメリットは次のとおりです。

❶手数料が圧倒的に安い

❷多くの企業が登録されているため、相手が見つかりやすい

❸自由度が高く、自らいろいろな企業にコンタクトできる
❹独自でアドバイザーを選択できる

「個人Ｍ＆Ａ」で会社を買おうとする場合、まず実際にどのような会社が売りに出されているか確認すると、イメージがつきやすいでしょう。

最近は「Ｂａｔｏｎｚ《バトンズ》」や「ＴＲＡＮＢＩ」などさまざまなマッチングサイトが充実してきており、ネット上で売りに出されている会社を確認することができます。

具体的に「Ｂａｔｏｎｚ」の検索サイトを使って「個人Ｍ＆Ａ」にマッチしそうな条件で検索してみましょう。

譲渡希望金額を「１００万円未満～１千万円」、地域「東京都」で検索すると、３２６件が抽出されました（２０２１年2月現在）。さらに検索条件に「個人でも交渉可能」を加えると、３０８件が対象となりました。ただしこれらには、成約済みの案件や何らかの事情により現在募集停止中の案件が含まれているため、現時点で「交渉可能」の案件に絞ると、77件が残りました。

個別にリストアップされた企業を確認すると、ネイルサロン、トレーニングジム、

●「Batonz（バトンズ）」と「TRANBI（トランビ）」の比較

サービス名	ユーザー数	案件数	成約手数料（買い手）	備考
Batonz（バトンズ）	99,571	3,587	成約金額の2%または最低報酬25万円	M&A仲介大手の（株）日本M&Aセンターから独立した会社
TRANBI（トランビ）	78,075	2,125	旧）成約金額の3% 新）月額3,980円〜	2021年1月21日から料金プランを変更して月額料金制に移行した

※両サービスとも売り手の成約手数料は無料。ユーザー数・案件数は2021年2月8日現在、各社HPに記載されていたもの

美容室、開発したアプリの譲渡、民泊施設、飲食店、小売業、学習塾、オンラインサービス、衣類の企画販売などがありました。全体としては店舗ビジネスの売り案件が多い印象ですが、過去成約済みの案件を確認すると、越境EC関連の輸出事業や不動産仲介業、配管機材の卸売業、建設業など、幅広い業種の会社が売却対象になっていたことがわかります。

ここで興味を持った会社を選択すると、事業内容、譲渡希望金額、専門家がついている場合の仲介手数料、会社概要（業種、法人／個人事業の別、都道府県レベルの所在地、設立年月、従業数）、M&A譲渡概要（希望条件、譲渡理由、譲渡に際して最も重視する点など）が確認できます。さらに無料の会員登録を行うと財務概要

等が確認できる仕組みになっています。

このようなマッチングサイトが充実してきたのは、ここ数年の話です。**そしてこれまで一般の方には入手困難であった売り案件の情報が整理され、流通されるようになってきたことが、「個人M＆A」が徐々に身近な存在になりつつある一番の要因になっています。**

運営会社もより使い勝手が良くなるように、日々仕組みや使いやすさ、デザインの見直しに取り組んでいて、何よりも掲載される案件は日々更新されています。

そしてこの流れは今後ますます進展すると思われ、**近い将来、会社（中小企業）をネットで売買することが日常的になる時代が来ることが予想されます。**

まず具体的な行動の第一歩としてマッチングサイトを確認してみましょう。そして実際に交渉を始める際の流れや注意事項など、買い手から見たM＆Aを進めるための一般的なプロセスについては、本書の第4章で説明していますので、そちらを確認してください。

5 会社を買って「資本家」になることは難しい？

資本家についてどのようなイメージをお持ちでしょうか。

ロバート・キヨサキ著『金持ち父さんのキャッシュフロー・クワドラント』（筑摩書房）では、誰でもE（従業員）、S（自営業）、B（ビジネスオーナー）、I（投資家）のいずれかのクワドラント（領域）に属すると説明されています。この中で資本家はBまたはIという図の右側の領域に属する人たちです。

B（ビジネスオーナー）は、自分では手を動かさず、EやSの人たちを雇って働かせることで、1の働きで100の果実を手に入れるスタイルであると同書では解説されています。「資本家」のイメージそのものではないでしょうか。次ページの図の左側に属する人が労働収入であるのに対して、右側の領域に属する資本家は権利収入が主な収入源となります。

●「資本家」をめぐるクワドラント（領域）

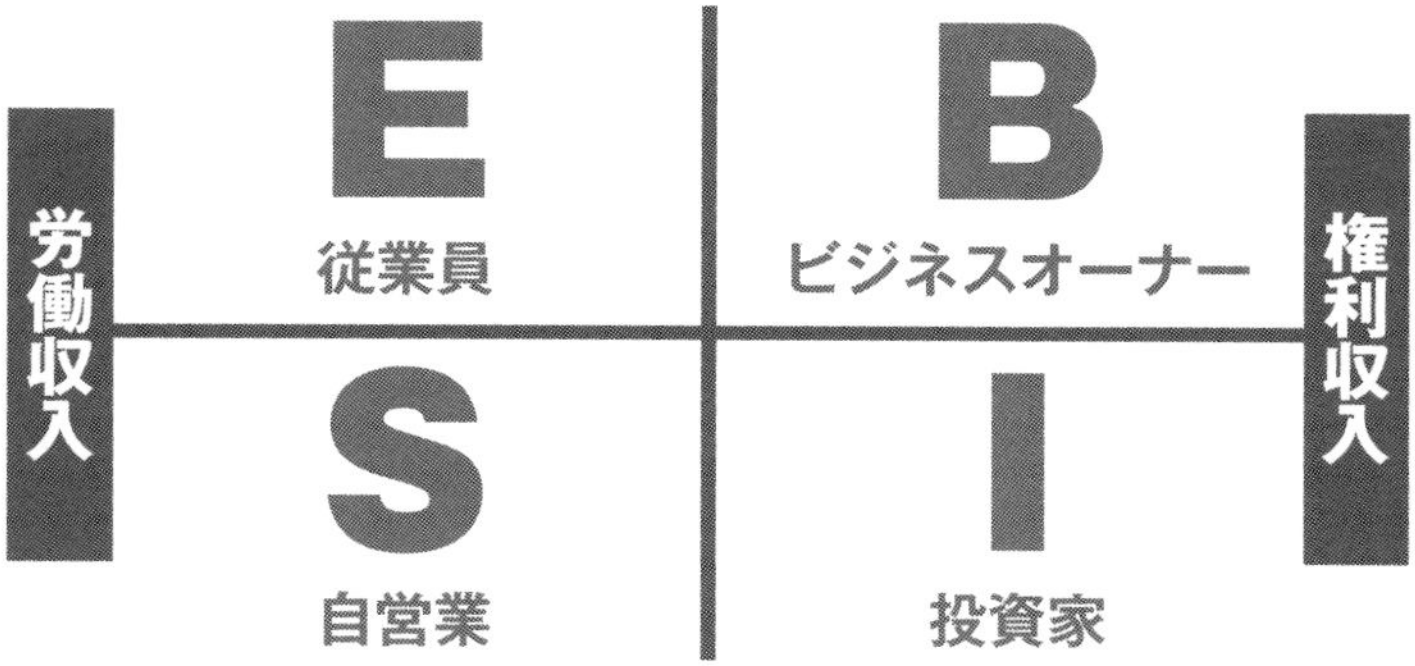

出典『金持ち父さんのキャッシュフロー・クワドラント』より一部加筆

では、サラリーマンであるあなたが、１０００万円以下の個人Ｍ＆Ａで小さい会社を買って「資本家」になれるでしょうか？

会社を買った瞬間にビジネスオーナーになることはできるので、形としてはＢの住人に引っ越すことはできるでしょう。ただし、そのビジネスで自分がいなくても回る仕組みができていないと、「資本家」としての１の働きで１００の果実を手に入れることはできません。あなたが買収しようとする規模の中小企業において、従業員に任せて事業が回る仕組みがあるかどうかをよく考えてみる必要があります。

個人Ｍ＆Ａで経営者になりたいと考える方の中には、大企業にお勤めのエリートサラリーマンも多いことでしょう。しかし、これまで中小企業の中に入った経験がない方は要注意です。**中小企業は「大企業の規模が小さくなった会社」だと思ったら大間違いなのです。**

詳しくは第2章で述べていますが、中小企業の実態は大企業にお勤めのあなたがイメージするような「会社」とはまったく別次元なのです。

「小規模事業者」「中小零細企業」と呼ばれる中小企業には、仕事の仕組みがない、営業は社長がすべてやっている、業務がマニュアル化されていない、社員のスキルレベルが低い、組織体制も未整備などというのがごく普通の実態です。なかには小さくても仕組みがきちんと回っているような会社もあります。ですが、そのような会社は1000万円以下で手に入れることは難しいでしょう。安いにはそれなりの理由があるのです。そのため、社長は資金と戦略だけ提供してあとは現場にお任せというわけにはいかず、戦略立案はもちろん、戦術レベルどころか場合によっては現場で自ら手を動かさなければなりません。

もしあなたがビジネスオーナーになったとしても、仕組みができるまでの間は、自らクワドラントの左側から抜け出せないということを十分理解することが重要です。

とはいえ、本書をお読みいただき、個人M＆Aで起こりがちな失敗の要因を十分に理解し、自分の特性に合う中小企業を見極めることで、サラリーマンを続けるよりも早く「資本家」として、クワドラントの右側に到達できる可能性も十分あります。

例えば、あなたが大企業で経験してきたような効率的なマネジメント手法や営業での顧客管理手法は、多くの中小企業では行なわれていません。そのため、あなたが買収した会社でＩＴＣ（情報通信技術）を活用した業務効率化を導入する、テレワークや遠隔会議などの活用による新しいサービスを導入する、などのアイデアと実践力があれば、もともとの業務効率が低いこともあり、劇的に効率がアップすることも考えられます。

ここでひとつの事例をお話しします。

東京都内にあるエアコンの取付・保守点検を主たる業務とする年商６０００万円程度の会社では、高齢のオーナー社長が毎朝社員全員を集めて朝礼を欠かさず行なってきました。社長としては、毎朝社員の顔を見て送り出すことが当然のことであり、コミュニケーションとして大切なことと考えていたのです。

しかし、朝礼にはもうひとつの意味がありました。社長が受注した施工先の情報が事務所のホワイトボードに書かれており、出社しないと訪問先の最新情報がわからなかったのです。そのために3名いる社員は、当然のように毎日会社に出勤していました。そして作業のため、朝礼の後はすぐに全員作業現場に出かけていかなければなりません。

その会社を高齢の社長から第三者承継した43歳の新社長は、Ｇｏｏｇｌｅカレンダーを使って受注した施工先の情報を従業員全員に共有する仕組みを導入しました。社員のひとりが20代の若者だったこともあり、この取り組みは早期に従業員に浸透し、従業員は事務所に戻ることなく、施工予定をリアルタイムにスマホで確認することができるようになり、働き方改革にもつながったといいます。

業界が違えば常識は違います。他の業界では当然行なわれていることが別の業界では新しい取り組みであることも多くあります。ソフトバンクグループ創業者の孫正義氏が提唱したタイムマシン経営に似た考え方ですが、**大企業での経験を異業種の中小企業に応用することにより、労働生産性や受注拡大などができる余地も大いに残されているといえます。**ただし、仕組みが構築できて自立して回り出すまでの間は、新たに経営者となったあなた自身が主導的に現場で実践していく覚悟が必要となります。

6 「ゼロからの起業」はギャンブル？

サラリーマンでも、「私はゼロから事業を立ち上げたことがある」という方もいらっしゃるでしょう。ですが、それは「ゼロからの起業」とは違い、勤務先の知名度や信用、資金力、社員や取引先などの基盤がそろった状況で成し遂げられたものではないでしょうか？

会社を作ることは誰でもできます。法務局に行って所定の書類を出せばすぐに会社は設立完了です。しかし、その状態がまさにゼロ。ゼロからの起業で法人登記したばかりの会社には、何の信用力も経営基盤もありません。あるのは自分のやる気と、製品やサービスの特徴だけ。地道に顧客を開拓して、製品・サービスを気に入ってもらい売上を確保しつつ、コスト削減の努力をし、オペレーションを回す仕組みをゼロから構築する。ここまでやって、やっとゼロからイチになったところです。それでも収益がプラスになる保証はどこにもなく、資金が底を突かないうちに経営が安定するかどうかなど不安は尽きません。

独自性が高い商品やサービスならばまだ良いのですが、世の中で先行する競合他社がひしめく状況で勝ち抜いて事業を成長させていくのは並大抵の努力ではできません。普通の人の熱意と努力では到底成し遂げることはできず、超人的な努力と強運に恵まれる必要があるのです。

例えば、もしあなたがエンジニアならば、製品を設計し製造委託先に依頼して製品を作ることはできるかもしれません。

しかしそれだけでは事業は回りません。事業プランを投資家や金融機関に説明して資金調達したり、製品の優位性を説明し顧客を開拓したりするといった活動が必要になります。その他、消耗品の手配、会計処理、ホームページの作成やチラシの作成など、本業以外のさまざまな雑務も発生します。

それらは、これまで組織の中でエンジニアとして働いてきた時には経験することがない「余計な仕事」かもしれません。ですが、ゼロから起業するとこれらの業務や雑事にすべて自分ひとりで取り組む必要があり、あなたの貴重な時間が膨大に費やされることになるのです。近年はクラウドソーシングが発展してきているため、安価に専門家のスキルを活用することや、資金調達も容易になってきました。そのため以前ほど起業のハードルは高くはありませんが、その分「アイデアのみで勝負する」ためには、グローバルでの競争にもなり、勝ち残ることは容易ではありません。

サラリーマン時代は組織や仕組み、ブランドの上で活動できるため、製品設計や評価に没頭できたかもしれませんが、ゼロから起業するとなると、すべてをひとりで決めて、ひとりで動かしていかなければなりません。睡眠時間を削って休みなく働くのが当たり前の世界です。自分だけが頼りの時期が何年も続きます。それでも何年かで済めば幸運と言えるでしょう。なかなか販売がうまくいかず利益が出ないまま終わる例は枚挙にいとまがありません。このことから、ゼロからイチを生み出す起業がいかに難しいかをご理解いただけると思います。

ゼロからの起業というのは、サラリーマン時代に習得したノウハウと人脈、そしてアイデアのみが経営資源です。そのため、うまく行くか行かないかは、まさにギャンブルといえるほどにリスクの高い取組みと言えるのです。

7 サラリーマンが「会社」を買って「経営者」になる時代

ゼロからの起業経験がなくても、もし企業で働いた経験のある人であれば、既に回っているビジネスのムダをなくしたり、新たなアイデアを加えることで売上をアップさせたりすることが得意なのではないでしょうか。

例えば、いまだに紙に書いてFAXで工場に送っている製造指示書を、FacebookメッセンジャーなどのチャットツールやGoogleスプレッドシートでリアルタイムに共有する仕組みを作って効率化するといった、お金も時間もかけずに取り組める効率化はすぐに思いつくでしょう。

また、営業先を成長している異分野に設定して新たな顧客を開拓するようにしたら、類似の製品が今までの1・5倍の価格で売れた、などという話も実際によく聞く話です。

大企業出身者にとってはちょっとした工夫であっても、何十年も同じやり方をしてきた中小企業にとっては、思いもよらない大きな変化なのです。

M&Aで買収する中小企業において、社長の長年の工夫と従業員の試行錯誤の末、それなりに業務が回っているとしたら、先に述べたようなゼロから事業を生み出していく苦労や試行錯誤は一気にスキップできるのです。

自分のこれまでの知識や経験に近い業界であれば、サラリーマンが会社を買って経営者になることも難しくありません。

例えば、2018年の診療報酬改定の影響により、大手の薬局チェーンが不採算店舗を売却していた時期があり、製薬会社のサラリーマンが副業でそれらの店舗を買収したことが話題になりました。

薬局は他店舗との価格競争が少なく、開店してある程度の年月が経過している店舗ならば、周囲の住人からの認知度もあり、ある程度安定した集客が見込めます。既に売上と原価・経費の実績があるため、必要になる資金が比較的精度よく予測できます。また、オペレーションも確立しているため、大手の薬局チェーンから外れることによる仕入ルートなどに目途をつけることができれば、リスクが低い案件といえます。

安定した売上があがっている店舗の場合、買収金額がそれなりに高額になる場合が多いかもしれません。しかし、これまでの売上と経費実績があるので、資金調達の際に金融機関と交渉しやすいでしょう。しっかりとビジネスＤＤを実施して経営改善のポイントがはっきりと見えているとしたら、さらに資金調達交渉もうまくいくことが予想されます。

このように、サラリーマンでも条件が揃えば既存事業を引き継ぐことにより、リスクを抑えて「経営者」になることができるのです。

不動産の世界では、１９８０年代後半からレインズというオンラインで不動産の売買情報をやり取りするシステムが開発され、全国の不動産業者が統一して使用しています。ただし、立地などの条件が良い物件は、売り主と関係のある不動産仲介業者が懇意にしている買い主に情報を先に流します。その結果、レインズで情報が公開される前に売買が成立してしまうことがあると言われています。

レインズのように全国で統一されたシステムは存在しないものの、中小企業のＭ＆Ａ情報のオンラインサービスも前述の「ＴＲＡＮＢＩ」を皮切りに、２０２１年２月時点で17社以上が存在しています。さまざまな売り手の情報がスマホひとつで閲覧できるようになりました。

オンラインで簡単に売却希望案件が閲覧できるため、安易に安い案件に問合せを出そうとする方も多くいます。しかし、本当に良い案件は不動産と同じで紹介で決まってしまいます。まったく知らない業界の会社を買うということは、まったく知らない土地の不動産を購入すること以上に不確実な部分があると考えるべきでしょう。相場より安値がついている案件は、財務内容や事業内容にそれなりの問題を抱えていると考えられます。お買い得な案件だと飛びつかず、まずは信頼できるアドバイザーを選び、ビジネスDDをしっかりと行なうことをお勧めします。

なお、ビジネスDD（簡易版）については、読者特典としてサンプルをダウンロードできるようにしましたので、参考にしてください（245ページ参照）。また、ビジネスDDは高い専門性が必要になるため、その代わりとなる簡易的な調査方法について第6章でご紹介します。

□制度改正で経営者保証が解除

70歳以上の中小企業経営者の約半分の127万人が後継者未定の状況です。そのうち22・7％は、後継者候補はいるのですが事業承継を拒否しており、そのうち59・8％が経営者保証を理由に事業承継を拒否しているという調査結果（2017年度中小機構アンケート）が出ています。このような状況では、貴重な経営資源が引き継がれず、我が国の経済を支える中小企業の貴重な経営資源が散逸する事態が避けられません。

そこで政府は、2020年4月から個人M＆Aにとっても大きなチャンスとなる取り組みを開始しました。事業承継の際に原則として、前経営者と後継者の双方から二重に保証を求めないことになったのです。

この制度は、事業承継特別保証制度と呼ばれ2020年4月から運用が開始されました。条件次第では、経営者保証が不要となる可能性もあるため、サラリーマンが会社を買って経営者になる場合にも大きなプラスになる要素です。

●事業承継特別保証制度

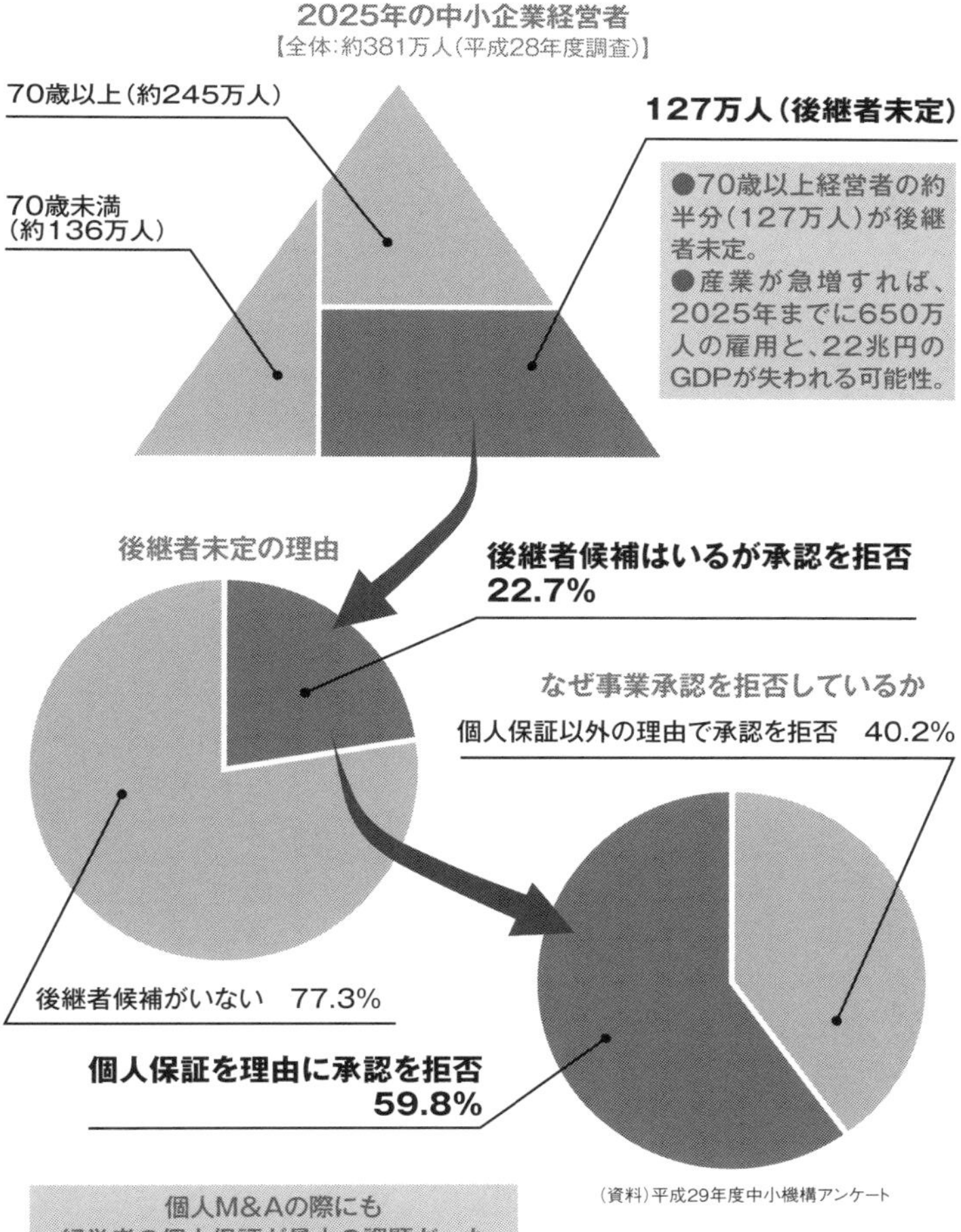

(出典)中小企業庁金融課『事業承継時の経営者保証解除に向けた総合的な対策について』より一部加筆

第2章

大企業とは異なる中小企業の実態

M&Aを個人レベルで実行できるようになったとしても、大企業を買うのと中小企業を買うのとでは、買収の内容は大きく違ってきます。大手の会社に勤めていたサラリーマンほど知らないと思われる、小さな会社の実情について、詳しくお話ししましょう。

1 中小企業と小規模事業者の定義と企業数

「中小企業」とはどういう企業を指すかというと、次のように中小企業基本法で定義されています。

製造業その他は「資本金の額又は出資の総額が3億円以下の会社、又は常時使用する従業員の数が300人以下の会社及び個人事業主」、卸売業では「資本金の額又は出資の総額が1億円以下の会社、又は常時使用する従業員の数が100人以下の会社及び個人」、サービス業は「資本金の額又は出資の総額が5千万円以下の会社、又は常時使用する従業員の数が100人以下の会社及び個人」、そして小売業は「資本金の額又は出資の総額が5千万円以下の会社、又は常時使用する従業員の数が50人以下の会社及び個人」です。

このように一概に中小企業と言っても、その規模や範囲は異なっています。

●中小企業基本法の定義

	中小企業		うち小規模事業者
業種	資本金または従業員		従業員
製造業その他	3億円以下	300人以下	20人以下
卸売業	1億円以下	100人以下	5人以下
サービス業	5000万円以下	100人以下	5人以下
小売業	5000万円以下	50人以下	5人以下

●中小企業・小規模事業者の数（2016年6月時点）

	数	割合
中小企業・小規模事業者	357.8万人	99.7%
うち小規模事業者	304.8万人	84.9%
大企業	1万1157人	0.3%

（出典）中小企業庁ホームページ

そしてこれらの定義のうち、従業員数が、製造業その他で20人以下、卸売業・サービス業・小売業で5人以下が「小規模事業者」です。一般的に言われる「小規模企業」「中小零細企業」は、法律によって定義された用語ではありませんが、概ねこの小規模事業者の企業規模に該当するといっていいでしょう。

本書は「個人M&A」を対象にしているため、本書にある「中小企業」とは、本定義でいう「小規模事業者」、あるいはそれに近い企業規模を対象として話を進めていきます。

2 大企業と大きく異なる中小企業の特徴

個人M&Aで経営者を目指している人の中には、大企業に勤務している、あるいは以前勤務していたという人も多いと思います。また、中小企業の経営者を目指して、ビジネス書や研修などで経営を学んでいる方もたくさんいるのではないでしょうか。

大企業に勤務しながら諸々の書籍などで経営を学んでいる方にとって注意が必要なのは、**大企業と中小企業では、その実態は大きく異なっているということです。**そしてビジネス書に書かれている内容は、初心者向けの書籍であっても、ほとんどが大企業をベースに書かれています。そのため、大企業時代の感覚や、ビジネス書どおりに経営を行ってしまうと、会社の運営がうまく機能しないケースが多いのです。

私（寺嶋）は大学卒業後に大手総合電機メーカーに15年勤めました。退社後、中小企業に転職し、その後コンサルティング会社を設立しました。

大企業を退社した後に中小企業に転職したのは、将来中小企業向けのコンサルティングで独立起業することを決めており、そのためにはまず、自身で中小企業を経験する必要があると考えたからです。

転職先は従業員20名程度の半導体開発会社で、そこで大企業とのさまざまな違いに驚いたのを覚えています。この時の経験を簡単に紹介します。これは、一従業員としての私の経験であり、経営とは直接関係はありませんが、大企業と中小企業の違いの概要を理解できるポイントとしてお話しします。

私はその中小企業に営業として入社しました。そして入社初日に、営業補助の従業員にポストイットがどこにあるのかを尋ねました。すると、明らかに嫌悪感のある表情で「ご自分で買ってください!」と言われたのです。電機メーカー時代は、ポストイットなど事務用品は、常に所定の場所に在庫があり、使い放題でした。

しかしその会社では、事務用品は皆自身で用意するのが当然だったのです。それを知らずに私は、前職と同じような感覚で尋ねてしまったために、彼女の不信感を買ってしまいました。

その情報は瞬く間に全社に広がったようで、多くの人から「大企業の気分が抜けないよそ者」というようなレッテルを貼られてしまいました。

その後は、挽回のために従業員の方々と積極的にコミュニケーションを取って、少しずつ従業員の方々との関係性は良好になっていきました。

ただ、入社当時の私は、半導体について、半導体業界の書籍を数冊読んだだけではとんど知識がありませんでした。しかしその会社は、新人を育成する体制がなかったため、私は誰からも指導を受けることなく放置されたままでした。

そのため、仕事のやり方や商品知識など、すべて自ら勉強して習得する必要があったのです。

その会社の営業の上司は数字にしか関心がなく、商品に関する質問をしても適切な回答は得られませんでした。そのため技術者に聞くしかなかったのですが、技術者は皆が自身の仕事に集中しているため、なかなか尋ねることが難しい環境でした。

そのような中でも、質問すると丁寧に教えてくれる人はいました。ただし、その方も多忙であるため、その人だけに何度も繰り返し聞くわけにもいきません。そのため、仕事を覚えるのに非常に苦労しました。

またその会社は、技術部の幹部の権力が強く、その幹部の言うことは絶対でした。

彼に嫌われたらその会社にはいられないような雰囲気だったのです。

電機メーカーにいた頃の私は、大企業の保守的でトップダウンの体制に不満を持っていました。現場の現状を把握していない事業部の幹部が、明らかに不適切な方針を打ち出し、それに管理者は従うのみでした。そのような体制に対して嫌気がさしていたのですが、この保守的な組織体制は大企業特有のものだと考えていたのです。

しかしこの会社に入社して初めて、**中小企業の中には大企業以上に封建的な環境があることを知りました。**

前職の電機メーカーでは会社に大きく貢献できたと自負しており、この会社でも実績を残したかったのですが、早々にコンサルティング経験を積みたかったこと、そして私がこの会社に入社したのは中小企業の実態を体験することが主な目的であったため、大した貢献をすることもできず、8ヶ月程度でその会社を退社しました。

これはもちろん一例ではありますが、大企業と中小企業の違いがつかめると思います。

私は2010年にコンサルティング会社を立ち上げてから、100社以上のさまざまな業種の中小企業の事業再生コンサルティングに携わってきました。その中で、ビジネス書には記載されていないような、大企業と異なる中小企業の実態を目の当たりにしてきました。それらの具体的な違いについて、いくつかご紹介していきます。

1 経営資源（ヒト・モノ・カネ・情報）が乏しい

「ヒト」とは従業員のことです。大企業には多くの従業員が在籍し、基本レベルのスキルを習得した人材が豊富に揃っています。しかし中小企業では、人材が不足だけでなく、大企業と比べて全体的に基本スキルが不足している場合があります。

例えば、大企業ではほぼすべての従業員が日常的にパソコンを使っており、パソコンは企業にとって基本的なスキルといえます。しかし中小企業では、ワードやエクセルを苦手とする従業員もいるのです。

このような職場では、例えば業務で活用している入力用フォーマットや記入用紙を変更することもスムーズに進まないため、昔のままの不備だらけのフォーマットのまま使い続けています。そしてこのフォーマットなどの不備が、生産性と品質の低下を招く原因となっているので、一向に品質や生産性の改善ができないのです。

このスキルの違いは、決してもともとの能力の差ではありません。ではなぜこのような差が生じるかというと、社内教育体制の差です。つまり、大企業はＯＪＴ（On-the-Job Training＝職場で実務をさせることで行う従業員の職業教育）が根づいている一方で、**中小企業の場合、ＯＪＴは個人に任されるケースが多いのです。**

具体的には、大企業では、新人や後輩・部下の教育は組織的な役割として、先輩社員や上司の「仕事」であり、各従業員は、部下などの指導は自分の仕事であると認識しています。そのため、新人に対して当然のようにＯＪＴを行っています。

一方で中小企業の場合、組織的にＯＪＴの仕組みが確立しておらず、各従業員はＯＪＴを自分の仕事であると認識していないケースが多いのです。

そのため、たまたま教育熱心な上司や先輩の下に所属した場合はＯＪＴを受けられるのですが、他人に関心を持たない上司や先輩社員の下だと、十分な指導を受けられずに放置されてしまうのです。

その結果、中小企業の従業員は、大企業と比べて成長のスピードが遅く、年数を重ねると、大企業の従業員とスキルの差が大きく開いてしまうのです。

次に「モノ」についてですが、これは商品や設備を指します。

大企業は個々の商品レベルが高く、ラインナップも豊富です。しかし中小企業は、商品レベルは決して低くはないのですが、ライン数やアイテム数が限られており、ひとつの商品の売上が落ち込むと会社全体の業績に大きく影響してしまいます。

これは商品開発力の差です。

大企業の場合、商品企画を行う担当者がいて、各事業で年に1~2回、新商品を企画・開発する体制ができています。例えば、企画部門が企画書を作成し、営業部門や開発部門で吟味して、開発部門が商品開発を行います。

つまり商品開発が「ルーチン」として組織的に行う仕組みが構築されていて、組織として役割が明確になっているのです。

しかし中小企業の場合、このような体制がなく、役割も曖昧なため、昔に開発した商品を長期間継続して販売しているような状況になっているのです。中小企業で商品開発を実施している場合でも、社長が個人的に開発したり、一従業員に任されたりするなど、属人的に行われているにすぎません。

このように中小企業では、新商品開発は「組織の力」ではなく「個別の力」で成り立っている場合が多いため、新たな商品が生まれにくい状況なのです。

また設備については、製造設備などが不十分で、しかも老朽化しているケースが多くあります。そのため、大量生産を行う商品を製造販売している中小企業は、大企業には価格競争で勝負になりません。

例えば、ある大量生産の商品を製造する場合、大規模な最新設備を大量に持つ大企業では1時間に1万個作れたとします。しかし、古い小規模な設備1機しか持たない中小企業は、同じ作業人数でも1時間に100個しか作れない、というような状況です。そのため、1個当たりにかかる製造コストが大企業に比べてかなり高額になってしまい、販売価格で勝負ができないのです。

さらに、新たな商品を作る場合に金型を作る必要があると、金型製造のコストが数百万円程度必要になるため、資金面で厳しい中小企業では新製品を作ることも難しくなります。

このように、業種にもよりますが、設備の質と量で大きな差が出てくるのです。

続いて「カネ」ですが、中小企業の多くは内部留保が十分ではありません。**そのた**

め、業績が悪化して赤字になると、すぐに資金繰り難に陥ってしまいます。

中小企業が資金繰りで苦しくなると、信用金庫や信用組合などの地域のメインバンクが短期借入金で支援してくれる場合もありますが、業績悪化が続くと借入も難しくなります。そうすると、事業を継続するために社長が個人的に会社に資金を投入するしかありません。実際に社長個人の資産を会社に入れている企業も少なくないのです。

最後に「情報」です。中小企業の経営で特に重要なのが、顧客別・商品別の売上状況や、決算書・試算表といった業績情報ですが、**社長がこれらの情報を把握していないケースが多くあります。** また、試算表を作成していない企業も多いため、期中で業績を把握できていません。そのため業績が昨対比で大きく落ち込み、赤字に陥ったとしても、社長は感覚として業績が悪化していることはわかるのですが、赤字かどうか、どの程度の赤字なのかは掴めないのです。

以上のとおり中小企業は、企業経営の最重要要素である経営資源が、大企業と比べて圧倒的に不足しているのです。

2 マーケティング・ブランディング能力が低い

次に、中小企業のマーケティングやブランディング能力の低さについてです。

大企業は豊富な資金力をベースに、TVコマーシャルといったマスメディアなどに多く露出しています。そのため私たち消費者は、日常的にその企業の会社名や商品名を見聞きしており、合わせてその企業や商品の特徴を無意識に認識しています。

つまり大企業は、消費者が日常生活を送る中で、日々ブランディング活動を行っているのです。

その結果、消費者は、その商品が必要になると、まずはその企業や商品を思い起こすことができるため、それが購入につながっているのです。

一方で中小企業は圧倒的に知名度が足りません。そのため、消費者がものを購入しようと思っても、知らない商品は選択肢に上がらないのです。

いくら大企業の商品より機能面で優れた商品であっても、知られていなければ購入されないのです。

また、販売ルートにも大きな差が出ます。

例えば食品加工業では、大企業は新たな商品を開発すると、全国の、大手から中小のスーパーの棚に一気に並びます。

一方で中小企業の場合は、新たな商品を開発しても、スーパーの棚に陳列されることは非常に難しいです。そのため、地元のスーパーから地道に営業活動を行わなければなりません。

たとえ商談が成立しても、まずは期間限定で棚に置いてもらい、その期間内で売上が好調であれば常設する、などの条件付きとなる場合も多いのが現状です。

このように、**知名度だけでなく、営業力・販路の差でも極めて大きな違いがあり、それは「経営力の差」でもあるのです。**

3　ＩＴリテラシーが低い

中小企業の従業員はＩＴに弱い傾向があります。近年はすでにＩｏＴの時代に突入しているのですが、特に地方の中小企業では依然としてＩＴ環境が整備されておらず、パソコンが苦手な人材も多いのが現状です。

また、従業員がメールアドレスを持っていなかったり、自社でファイルをPDF化できなかったりする場合もあるため、遠隔地の相手との情報のやり取りを郵送で行うなど、極めて生産性が低い状態になっている場合もあります。

4 労働集約型で生産性が低い

また中小企業は、人間の労働力への依存度が高い労働集約型であることが多く、かつ生産性が低いのが特徴です。

例えば製造業では、機械化やＩＴ化が不十分であり、その不足分をヒトが補っています。製造業以外でも、作業を効率的に実施するための「標準化」が遅れており、日常の業務ルーチンの中で多くの無駄が発生しています。そのため、一人当たりの付加価値額を示す労働生産性が非常に低くなっています。

また、中小企業の従業員が任されている業務は「作業」が中心であるため、いざ業務の効率化や標準化、マニュアル化に取り組もうとしても、「思考」の業務に不慣れな従業員が多く、業務の抜本的見直しを担う人材がいないのです。

ヒトは「作業」と「思考」を同時に実施できません。そして「思考」より「作業」を優先します。大企業には多くの人材がいて、作業と思考の業務が概ね部門や役職で分かれています。しかし中小企業の従業員は作業がメインで、**日常の作業で多忙な中でいきなり「業務を改善し標準化せよ」といった「思考」の業務の指示を出しても、作業に追われて対応できないのです。**

5 組織統制が不十分で業務が属人的

また中小企業は大企業と比べて、組織統制が不十分で属人的です。

例えば大企業ではホウレンソウ（報告・連絡・相談）が徹底されていて、日々の業務内容を上司に日報や週報で報告し、上司がその内容を管理します。そして管理者が部下に対し、ある課題を解決するような指示を出すと、部下がその課題の解決方法をいろいろと吟味して管理者に提案するという仕事のやり方はよくあります。

また、プロジェクトなどで、定期的に他部門の人材と課題解決に向けて取り組むこともあります。

このように大企業の従業員は、日々の業務の中で磨かれていくのです。これは、組織として統制ができているから実現するものです。

しかし中小企業の場合、各従業員の業務は属人化しており、各部門が組織として統制がとれていない傾向があります。そのため上司から部下へ新たな指示を出すことも少なく、各従業員の業務内容が固定化されてしまっているのです。

こうして、**中小企業の従業員は、自身に任された業務をこなすだけで、それ以外の業務を積極的に実施しようとしなくなるのです。**

6 インセンティブが少ない

最後に、中小企業は大企業と比べて仕事へのインセンティブが少ないことです。

大企業では、昇進や給与アップ、福利厚生や社内表彰制度など、従業員のモチベーションを維持・増長させるためのさまざまな仕組みがあります。

また、大企業は複数の事業を展開し、海外へも進出している企業も多いため、能力とやる気があれば、リスクを抱えて転職しなくても、異動だけでさまざまな経験を積める機会が用意されています。

一方で中小企業では、大企業のような機会は多くありません。例えば、評価制度や昇進・昇格制度、賃金制度が曖昧で、社長個人が独断で決めるところも少なくありません。そのため昇進を目指す人は比較的少なく、賃金も据え置きの場合が多いのが現状です。

また、福利厚生の制度も大企業ほど豊富に用意されていません。

さらに、単一事業の場合が多いため、会社内で経験できる業務は限られてしまいます。そのため、優秀でチャレンジ精神のある従業員の中には物足りないと感じる人も出てくるでしょう。

このように中小企業の現状は大企業とは大きく異なっているため、大企業と同じような感覚だけで中小企業の経営を行ってしまうと、想定外のさまざまな課題が見つかり、経営に大きな支障が出る可能性があるのです。

3 知識だけではわからない中小企業経営の実態

前述のとおり、教科書などの内容は、主に大企業や、中小企業でも比較的規模の大きい会社を対象に書かれています。またテレビで紹介される中小企業は超優良企業で、その優良企業の成功体験のみがピックアップされています。「問題を乗り越えて成功した」という場合は過去の経営課題が紹介されますが、同様の課題が解決されずに現在進行形の企業が多いのが実態です。そのため、成功している中小企業と、売りに出される中小企業の実態は大きく異なる場合が多いのです。

経営未経験者であるサラリーマンが、いきなり中小企業の経営者になっても失敗しないためには、中小企業の経営について正確に把握することが重要です。

そこで本項では、一般的な中小企業経営の実態について説明していきます。

1 所有と経営の一致

まずは、中小企業の特徴でよく知られている「所有と経営の一致」です。

大企業の場合はサラリーマン社長が多いため、会社を所有しているのは株主、会社を経営しているのは経営者であり、これらが分離しています。一方で中小企業の場合は、経営者が株主であることが多いため、所有と経営が一致しているのです。

所有と経営が一致しているメリットは、社長は株主の要求に左右されず、自由に経営することができることです。

例えば所有と経営が分離している大企業では、経営者の在籍期間は数年程度の限定期間である場合が多く、株主は短期的な収益を経営者に要求するため、経営者も短期的な戦略に陥る傾向があります。

しかし中小企業のように所有と経営が一致していると、自身が株主であるため、外部の目を気にすることなく、自身の考えで、中長期的な視野で戦略を構築しやすい環境になります。

そのため、ベンチャー企業など中小企業でも能力の高い経営者は、自社の経営資源や競合他社の状況、市場や顧客の動向を察知して、次々に新たな戦略・戦術を打ち出し、短期間で急成長させています。

一方でデメリットは、**経営者よりもオーナーの立場を優先し、「個人」としてやりたいことを優先してしまうことです。**

自身が株主のため監視の目がなく、また助言できる幹部がいることも稀であるため、思いつきの施策を打ち出すケースが増える傾向があります。また「会社＝社長個人」という意識が強いため、痛みを伴った経営改善を打ち出すことができない経営者も多くいます。さらに、監視の目がないと、経営をほったらかして部下に任せ、ゴルフなどの趣味や宴会などに時間を費やす経営者もいます。

メリットとデメリット、いずれも社長の意識や取り組み方で、良い方向にも悪い方向にも大きく変えられるということです。

2 経営者個人が会社の借入金の連帯保証人

次に、中小企業の経営者は自ら会社の借入金の連帯保証人であることです。

大企業の経営者はサラリーマン社長です。そのため大企業が金融機関から借入をする場合、経営者が会社の借入金の連帯保証人になることはなく、会社の借金を社長個人が保証することはありません。したがって、業績悪化で責任を追及されて辞任する場合でも、社長を辞めればいいだけです。しかも膨大な退職金を手にすることができます。

つまり、大企業の責任の取り方というのは「辞任」であり、社長業と社長個人の生活は完全に切り離されているのです。

ニュースなどで大企業の社長が退任の記者会見をしている映像が流れることがあります。そこで辞任する社長は厳しい表情を浮かべながら「責任を取って辞任します」などと話しています。その内容を見て「辛かったんだろう、大変だったんだろう」と胸中を察しますが、実はきっちりと膨大な退職金を手にしているため、退職後は悠々と生活できているのです。

しかし中小企業の場合は、金融機関から借入をする際、慣習的に社長個人がその借入の連帯保証人となるのです。そのため、もし会社が潰れたら、会社の借金を社長個人の個人資産で返済しなければなりません。会社が倒産して金融機関の残債が返済できなくなった場合、社長が個人の預貯金を切り崩して返済しなければならず、もし預貯金で足りなければ、自宅を売ってでも返済しなければならないのです。そのため、大企業のように責任を取って社長業を辞任することはできません。

つまり、社長業と社長個人の生活は一体であり、中小企業の社長は会社経営から簡単に逃げることはできないのです。

そのため、中小企業の社長は、資金繰りを維持するため、社長個人の預金を会社につぎ込んだり、社長が個人として金融機関から借入をしてそのお金を会社に提供したりする行為も見受けられます。

このように中小企業の経営を行うには、それなりの覚悟が必要になるのです。

実はこの連帯保証人の慣習があるからこそ、借入の審査が緩く、中小企業は金融機関から借入をしやすくなっている、という側面もあります。ただし、中長期的には、経営者が連帯保証人になるという慣習はなくなる方向になっていくと思われます。

3 戦略だけでなく戦術の構築も社長の仕事

続いて、中小企業の場合、戦略だけでなく、戦術も社長の仕事だということです。

大企業では、経営者や管理者が戦略を構築し、具体的なアクションレベルの戦術は部下に任されることが一般的です。

しかし中小企業の場合、人材が乏しく、従業員は自身の目の前の仕事で忙しいため、具体的な戦術を考える余裕がありません。戦術を吟味するための会議を開催しても、従業員から具体的な提案はあまり出ません。そのため、社長自身が会社の全体設計と詳細設計、つまり戦略と戦術の双方を構築する必要があるのです。

また、戦略と戦術の重要度も、大企業と中小企業では異なります。

大企業では「戦略」が重要視されます。なぜなら、規模が大きく、戦略変更に巻き込む企業や部門、従業員が多いため、まずは方向性を明確にしなければ全体のベクトルが合わなくなるからです。

例えば、ある商品で、もともとのターゲットを中高年に絞った戦略を打ち出して販売したところを、若者に有効な商品であることがわかり、商品をそのままにしてターゲットだけを若年層に切り替えたとします。その場合、商品のパッケージ、販促方法、営業活動など、さまざまな部門が戦略変更を認識しなければなりません。もし営業活動を一部代理店に委託する場合は、社内だけでなく代理店にも戦略変更を徹底する必要があります。もし戦略変更が伝わっていなければ、従来通り中高年向けに営業活動を継続するというような状況にもなりかねません。

このように規模が大きいと各部門が専門的に分業されており、方針の徹底が広範囲に及ぶため、まずは戦略の徹底が重要になります。そして各部門が、変更された戦略に沿って改めて施策を構築し、実施していくのです。

また、人材も豊富なため、戦略に沿った具体的な戦術を、各部門で練り上げることができます。

しかし中小企業の場合、戦略は重要ですが、それよりも戦術の重要度が高くなります。なぜなら、規模が小さいため、市場全体が低迷していたとしても、戦術でカバーして売上や利益を向上させることが十分に可能だからです。つまり、中小企業にとって戦術の重要度は非常に高く、アイデアを出していかに優れた具体的施策を構築できるかが、業績アップや成長の鍵になるのです。

しかし前述のとおり、従業員の業務は作業が中心であるため、思考業務の経験の乏しい従業員から良い施策は生まれにくいのが現状です。**したがって、中小企業の経営者には、戦略だけでなく戦術も合わせて構築することが求められるのです。**

このように、中小企業の経営は、さまざまな点で大企業と異なります。そして中小企業の経営者を目指すには、中小企業の特徴と合わせて、これら中小企業の経営の実態を知ることが大切です。

4 「理想の買い手」より「赤字企業」がお買い得？

中小企業の経営者を目指している段階では、買収したい企業の理想が膨らんでくると思います。そして業績の良い、優秀な従業員が揃っている企業が理想の企業と思うかもしれません。

しかし業績のいい会社は企業価値が高くなるため、競争率も高くなり、買収価格は高額になる傾向があります。そのため買い手は個人よりも資金力が豊富な企業が有利となります。

ただし、M&Aのマッチングサイトで売手企業として掲示されるのは業績のいい会社ばかりではありません。赤字企業や債務超過に陥っている企業もたくさんあります。そして特に2期以上連続で赤字の企業は、赤字が慢性化して黒字化できない企業であると判断され、なかなか買い手がつきません。

しかし、ビジネスDDなどで事業の現状を精査すると、ちょっとした経費削減や経営改善で一気に黒字化することは珍しくありません。特に中小企業の場合、従業員数が少なく事業もシンプルで無駄を発見しやすいため、比較的固定費を削減しやすいのです。債務超過に陥っている会社でも、改善は十分に可能です。

債務超過とは、企業の負債総額が資産総額を上回る状態であり、貸借対照表（BS）の左側の資産よりも、右側の負債のほうが大きくなっている状態です。つまり、すべての資産を手放したとしても債務を返済しきれない財務状況であるため、一般的に倒産する可能性が高いと判断されます。特に金融機関は、債務超過の会社に対しては、メイン行となっている企業以外で資金を貸し出すことは難しくなります。

しかし実際のところ、中小企業で債務超過の会社は少なくありません。特に実態BSになるとその数は大きく増加します。

実態BSとは、BSの数値をもとに、資産や負債の数値を実態に合わせて修正した、実態に合わせたBSのことです。

例えば、売掛債権がBS上で1000万円あったとしても、その中の300万円がすでに倒産した会社の売掛金（不良債権）であった場合、実態の売掛債権は700万円になります。また、棚卸資産が３０００万円あったとして、そのうちの５００万円が、すでに製造中止になった製品や、古くて劣化してしまって使えない材料（死蔵在庫）である場合は、実態の棚卸資産は２５００万円になります。

このように中小企業の帳簿上のＢＳは、実態とは異なる場合が多いため、財務ＤＤで実態ＢＳを確認しなければ、その企業の財務基盤を明確にすることは難しいのです。

そして中小企業の場合、債務超過の状態で長年事業を継続している企業は少なくありません。つまり、世間では「債務超過＝倒産危機」という印象を持っている方が多いですが、それはあくまでイメージの話であり、実態としてそのようなことはありません。債務超過であっても資金繰りが回っていれば、事業は十分に継続していけるのです。

私は事業再生コンサルタントとして、さまざまな業種の中小の再生企業のコンサルティングをしてきました。

「再生企業」の定義は曖昧ですが、ほとんどの再生企業が、❶連続赤字、❷債務超過、❸借入過多、❹資金繰り難、の４つの課題を抱えています。このような経営状況であっても事業は十分に継続できますし、再生して正常企業になることは可能です。

特に中小の再生企業は、さまざまな問題を抱えている一方で、小規模であるため、いろいろと施策を講じて短期間でV字回復して再生できる場合も少なくありません。

また、金融機関からの金融支援を受けて債務を圧縮する方法もあります。ハードルは高いですが、近年は金融機関の債務圧縮の姿勢も前向きとなっています。

再生企業が特におススメというわけではありませんが、**連続赤字や債務超過であっても、事業の中身を見極めて新たな施策を行うことで、再生可能性が高いと判断できれば、十分に買収の対象になるはずです。**

しかも買い手としては、売り手企業が債務超過であった場合には、財務状況がひとつの評価基準となって買取額は低くなり、企業価値がゼロと判断されるケースもあるので、交渉次第ではかなり「お得」な買いものになる可能性が高いでしょう。

5 サラリーマンでは味わえない中小企業経営の魅力

これまで中小企業の実態について説明してきました。

ここまで読んで、当初考えていたイメージとは異なるため、個人M&Aにやや消極的な気持ちになったかもしれません。

しかしこれらはあくまで中小企業でみられる「傾向」であり、当然すべての企業に該当するものではありません。中小企業の中でも、強力な強みを持ち、優秀な従業員が揃っていて統制も取れている企業も多くあります。仮に買収した中小企業が理想のものとは異なっていても、これらの情報を事前に把握することは大切なことです。

もし前述の状況を知らずに企業を買収すると、買収後にさまざまな想定外の課題が見つかることになります。そうなると非常に難しい舵取りとなり、課題をうまく切り抜けることができずに業績悪化を招く恐れが高くなります。その結果、経営者個人だけでなく、そこで働く従業員も不幸にしてしまいかねません。そのため、本書を手にしてくれたみなさんがM&Aで失敗しないために、前述のような中小企業の実態を理解し、それらを確認した上で、買収企業を決定することをお勧めします。

中小企業は種々の課題を抱えていますが、経営者として生きていくのは、サラリーマンでは味わえないさまざまな魅力があります。

本項では中小企業経営の具体的な魅力について取り上げます。

1 経営者として自立、成長できる

まずは経営者として自立することができ、さまざまな経験を積むことができるため、自身を成長させることができることです。

サラリーマンの仕事は、基本的に与えられた業務の範囲内で、企業や組織の方針に従って仕事を行います。つまり「指示されたことを、指示通りに従ってやる」ことであり、どんなに頑張ったところで業務範囲は一部に限られます。そのため結局のところ、大小はあるにしても企業の歯車のひとつでしかないのです。

しかし経営者は、企業全体を見ることができ、全体に責任をもって状況に応じたさまざまな意思決定を行うことができます。

具体的には、何を価値として経営戦略を構築するのか、どのように戦術を組み立てるのか、どこに資金を集中的に投入し、どのように人材を配置するのか、さらにはどこから資金を調達し、外部の企業のどこと連携していくか、などです。

特に昨今はＳＮＳでさまざまな発信が可能となり、広告や販売促進でかつてのように高いコストをかける必要がなくなりました。また、他社の持つ機能との組み合わせや、従来とは異なる機能を付加するなど、アイデアひとつで新たな価値を生み出すことも盛んに行われるようになりました。そのため、経営者の力量とやる気次第で、企業を発展させることは十分に可能です。

このように、雇われる側では決してできない、自立した者でしかできないさまざまな経験を積むことができるため、非常にやりがいがあるだけでなく、仕事を生きがいにできるような刺激的な人生を送ることができると思います。

2 自由に経営できる

次に、中小企業の経営者は自由に経営を行うことができます。

これは、経営者自身が株主で持ち株比率は3分の2以上を保有するケースが多く、特別決議を単独で成立させることができること、また事業運営の中での経営判断や意思決定も単独で実施することが多いからです。

どのような戦略を打ち出すかも、大企業のように株主を気にすることなく、上司にお伺いを立てたり承認を得たりする必要もなく、経営者個人が自由に決められます。

また、組織がシンプルなため、戦略に沿って自由に組織体制を作り変えることもできます。

その他、社内の誰をどの部門に配置させるか、外部から誰を呼び込むか、そして外部のどの企業、あるいは個人と連携するかなども、経営者自身が決めることができます。

昨今は、クラウドコンピューティングでさまざまなネット上のシステムを安価で利用できます。また、クラウドソーシングで専門家のノウハウを安価で活用することも可能です。さらに、クラウドファンディングで資金調達が比較的容易になりました。経営者のやり方ひとつで多種多様な戦略と戦術を実施することができるようになり、かつては難しかった多角化戦略も実施しやすい環境になっています。

経営者になると、すべての意思決定を自ら実施することができるため、自社の強みを活かして新たな事業を展開することも迅速に行うことができます。企業を成長させられるかどうかは社長ひとりにかかっているのです。

3 規模が小さいため小回りが利く

「小回りが利く」とは、経営者が迅速に意思決定を行うことができ、市場環境に迅速に対応することができるということです。

そして「規模が小さい」ことのメリットは、業界全体が低迷しても、多様な戦術を打ち出すことで売上・利益を増加させることは十分に可能なことです。これはコンサルティングを行っている私自身が実感することなのですが、さまざまなアイデアを出して、市場のニーズに適合した施策をすばやく打ち出して実行する過程を繰り返すことで、その答えが即座に数字（業績）に現れるのです。

大企業は、ピラミッド型の組織が確立しており、意思決定に膨大な時間と労力がかかります。役割も明確に分担されているため、ひとつの決め事にいろいろな部署が集まって合意を得るなど、極めて生産性の低い体制と言えます。**かつてはこれが理想の形ではありましたが、スピードが求められる現在の市場環境ではマイナスになると言えるでしょう。**

一方で中小企業はシンプルな組織体制であり、社長の権限が強いため、社長自ら迅速に意思決定を行っています。ＩＴ系の成長企業は、社長自ら迅速に現場のニーズを把握し、速やかに意思決定を行って手を打っています。特に近年はスマホひとつで組織を動かすことが可能なため、そのスピード感は増しています。

市場のニーズを迅速に捉え、それに合わせた施策を次々に打ち出すことで、即成果につながる、これが安定した経営と成長のポイントであり、**これができる土壌がある中小企業の経営は大きなプラスの要素と言えるのです。**

4 会社の経営資源（強み）を活用できる

そして最後は、アイデアひとつで、自社の経営資源（強み）を活かしたさまざまな施策を打ち出すことができることです。

ネット通販やSNSが普及することで、些細な差別化でもヒット商品を生み出すことができるようになりました。そのためネット通販では、従来の商品を少し改良するだけの商品が次々と生まれ、その中で売上を伸ばしている商品も多く出ています。

顧客の問題を解決し、顧客満足を高めるためのちょっとした工夫や機能の追加、デザインの変更をするだけで、ネットを使って市場に発信させれば、短期間で売上を伸ばすことができるのです。

商品開発は、新しい商品をゼロから生み出すより、既に存在する商品や設備（モノ）を活用したほうが安価でできますし、アイデアを広げやすくなります。また、スキルのある従業員（ヒト）と共同して運営したほうが効率的です。

そのため、買収した企業の強みを徹底的にあぶり出し、その強みを組み合わせたり、発展させたり、別のターゲットに置き換えたりすることで、新たな価値を生み出すアイデアを考えるのです。例えば次のとおりです。

- **商品の機能を別の商品に搭載する**
- **商品に新たな機能を付加する**
- **使い勝手を改良する**
- **商品のデザインや色合いを変える**
- **新たなターゲット顧客向けに改良する**
- **自社商品に体験などのサービスを追加してパッケージとして販売する**

このようにさまざまな切り口でアイデアを出し、現在のリソースから新たな価値を生み出す商品を開発することで、企業の成長を促すことができるのです。

第3章

個人M&A失敗の主な要因

前章の最後でお話ししたとおり、中小企業買収は大企業とは異なる魅力とメリットがありますが、それでも準備が不十分なままに手を出して失敗してしまう実例も数多く見られます。本章ではその失敗の主な要因と、それを回避するための対策をお伝えしていきます。

1 買収企業の事業の中身の未把握（ビジネスDD未実施）

M&Aでは、小規模なものから大規模なものまで、実は多くの買い手企業の社長が「失敗した」と感じているのが現状です。失敗の原因はさまざまですが、本章では特に、個人M&Aでの中小企業の買収で失敗する要因と思われる内容について、幾つかご紹介します。

個人M&A失敗要因のひとつめは、**売手企業の事業の内容（内部環境）を十分に把握せずに買収してしまうことです。**

後述しますが、中小企業にはいろいろな特性があり、各企業は個性的で、内部環境はそれぞれ異なっています。しかし現在多くのM&Aでは、規模の大きい企業も含めて、売手企業の個別の事情を把握することなく買収しているのが現状です。

一般的なM&Aでは、基本合意締結後、DD（デューデリジェンス）を行い、その後に正式な最終契約書の締結を行います。DDとは、簡単に言うと、企業の価値やリスクなどを調査して評価することを指し、主に法務DD、財務DD、ビジネスDDなどの種類があります。

法務DDとは、法的権利の有効性の評価や、係争事件の有無、偶発債務等の潜在的な法務リスクの有無をチェックすることです。

例えば、売手企業の得意先との契約で、M&A取引などによって会社の実質的所有者である株主の構成が大きく変更になった場合に、契約を解除することができる条項があったとします。その場合、買収後にその得意先との取引が停止になるため、企業価値が大きく減少してしまいます。このような法的リスクがないかをチェックするのです。法務DDは、主に弁護士が実施します。

財務DDは、売掛金や在庫、土地・建物等の資産の再評価、および正常収益力の再評価を行い、簿価ベースのBS（貸借対照表）、PL（損益計算書）を実態ベースに作り直して、潜在的な財務リスクの有無をチェックすることです。

例えば、簿価ベースのBSで、売掛金が1000万円ある内の300万円が、すでに倒産した得意先のものであれば、この300万円はいわゆる「不良債権」であり、回収の見込みはありません。そのため、簿価の1000万円から不良債権分300万円を差し引いて、実態の700万円に修正するのです。また棚卸資産の場合、販売見込みのない在庫は「死蔵在庫」として簿価から差し引いて実際に修正します。

このように中小企業の場合、特にBSは、簿価と実態が大きくかけ離れているケースが珍しくないため、財務DDで修正するのです。この財務DDは、会計士や税理士が担当します。

そしてビジネスDDとは、事業の中身を分析するものです。

例えば、経営や組織、営業・販売や、工場・店舗など、事業の各機能の業務で問題がないか、そして強みがどこにあるかを確認して、事業面のリスクや成長の可能性を探ることです。

ただし、このビジネスDDは、M&Aではほとんど実施されないか、あるいは買い手の従業員、つまりビジネスDD未経験者が実施しています。

つまり、法務DDや財務DDは各々の専門家が実施する一方で、ビジネスDDは、実施しないか、実施しても経営の素人が実施しているのです。そのため、M&Aで企業を買収する際に、業務の中身を把握せずに購入しているのです。さらに個人M&Aのような小規模なものは、ビジネスDDだけでなく法務DDや財務DDも行われないケースが多いのが実情です。

私たちは日常の生活で買物をする時に、100円の品物でも、しっかりと中身を把握した上で購入します。中身を知らずに購入することは、正月の福袋やガチャガチャくらいです。しかしM&Aの世界では、私たちが日常生活で当然に行っている「中身を吟味して判断する」ことを実施していません。数百万円から数億、あるいはそれ以上の金額を支払う買物であるのに、事業の中身を把握せずに購入しているのです。

特に個人M&Aで対象となる中小企業は、同じ業種で同種の製品を作っていても、事業の中身は大きく異なっています。例えば、経営手法や組織体制、戦略や戦術、管理体制や業務フロー、各作業方法、そして従業員のスキルや商品自体の特徴も、各企業によって多種多様です。そのような状況でも、事業の現状を十分に把握して吟味することなく、買収しているのです。そのため、買い取ってからさまざまな問題が発生し、結局対処しきれず「M&Aは失敗だった」と後悔する社長が後を絶たないのです。

なぜこのようなことが起きているのでしょうか。

ビジネスＤＤは、経営コンサルティングの高いスキルが要求されるため、コンサルタントのような専門家の中でも実施できる人材がほとんどいないからです。そのため、ビジネスＤＤ未経験者である新社長自身が、ノウハウがない中でビジネスＤＤを一通り実施することは非常に難しいのが現状なのです。

その結果、ビジネスＤＤを行わず、事業の中身を理解せずに買収するため、買収後に想定外のさまざまな問題点が発生し、買収企業の経営がうまくいかなくなるのです。

中小企業を経営するには、事業を俯瞰的に捉えた上で、各部門の詳細についてもある程度把握することが求められます。そして会社の問題点を把握して改善に取り組むこと、また会社の強みを理解して成長戦略を描くことが重要です。**そしてこれらを行うには、ビジネスＤＤなどで調査を行って現状把握する必要があるのです。**

（なお本書では、比較的容易に実施できるビジネスＤＤの「簡易版」のサンプルについて、ダウンロードできるサービスをご利用いただけます。また、ビジネスＤＤではなく、簡易的に現状把握を行える方法についても、第６章で紹介します）

2 中小企業の実態と経営手法を知らない

個人M&Aが失敗する要因の2つめは、中小企業の実態とその経営手法を知らずに経営を行うことです。

大企業と中小企業の違いについて前述しましたが、大企業で普通にできるようなことが、中小企業ではスムーズにできないことが多くあります。それを知らずに、大企業の管理者と同じ感覚で中小企業の経営を行ってしまうと、経営者の思い描いた通りに現場が機能しないことが多々発生します。

例えば、前述しましたが、大企業では経営幹部が各々の事業の戦略を構築し、具体的な戦術については担当者に任されます。具体的に何をするかというアクションレベルの話は担当者が考えてくれます。

しかし中小企業では社長自身が戦略だけでなく、具体的なアクションの戦術まで構

築しなければ現場は動きません。社長が新たな戦略や方針を打ち出して声高に発信しても、現場のスタッフは従来通り目の前の仕事をこなすだけです。そのため、社長自身が全体設計を行って戦略を構築するだけでなく、具体的戦術という詳細設計まである程度構築する必要が出てくるのです。

また、組織体制も脆弱なため、管理機能や統制が十分ではありません。**そのため、各部門の管理や統制の業務まで、管理者ではなく社長が自ら行わなければならないこともあります。**

例えば、社長が各部門の管理者に指示を出しても、管理者自身が一従業員として業務を行う場合も多いため、情報が現場まで届きません。社長自身が現場にまで情報を伝えなければ、現場に方針を徹底することは難しくなります。

また、各部門の現場で何か問題が発生しても、その部門の管理者が責任をもって対応することなく放置されるケースもあります。

また、組織図上は機能別の組織体制となっていますが、組織の役割が徹底されておらず、各部門の管理者自身も現場の一作業員でしかないこともあるため、各部門で問題を解決できない場合も多くあります。いくら管理者に「この部門を取りまとめるのはあなたですよ」と言っても、管理者自身に自分が管理者であるという自覚がなく、管理の経験もないため、すぐに変わることはありません。

その他、業務自体が属人的で、業務ルーチンが確立していない場合もあります。例えば、ルーチン業務の中でひとりの従業員しか実施できないような業務です。これは、OJTが行われていないこと以外に、その従業員が自分の居場所を確保するため、他人に業務を教えようとしないことによるものです。そうすると、その従業員が休暇を取ったらその業務が滞ってしまいますし、ひとりしかできない業務がボトルネックとなって生産性を低下させてしまいます。そのような中でも、部門の管理者は、その従業員に改善指示を出しません。社長も現場の細かいところまで見ていないため、現場のこういった問題が解決されずに長年放置されているのです。

このように、中小企業の社長の役割は非常に大きく、中小企業の実態や、社長自ら現場改善に取り組むという意識がないと、これらの問題に対処できないケースが出てきてしまいます。

3 自社・顧客・競合を知らない

続いての失敗要因は、自社の問題点や強みを把握していないこと、顧客のニーズや競合の状況を把握していないことです。いわゆる３Ｃ（Company……自社、Customer……顧客、Competitor……競合）分析ができていないケースです。

中小企業の中で最も会社を熟知している、会社全体を把握しているのは、社長でなければならず、実際に社長であることがほとんどです。社長以外の従業員は、個々の業務の範囲でしか業務を把握していません。それでも多くの社長は、自社の問題点や強みを理解できていません。

例えば、不要な資料を慣習的に作成していたり、データ化できるものを紙媒体で管理するなど、多くの無駄な作業が存在しています。しかし従業員は、これらの業務を忠実に実施することが正しいと思い込んでいるため、これらが問題であると気づく従業員は少ないのです。**そのため、社長自らがこの非生産性業務に気づき、それらの改善に取り組まなければなりません。**

具体的には、不要な資料は排除して簡素化する、数値は紙ではなくデータで管理して作業を効率化して加工しやすくする、というような、仕事の効率や生産性向上、品質向上につながる抜本的改善は、社長の重要な仕事なのです。

また、顧客のニーズの把握も十分とは言えません。

長年経営を続けている中小企業では、一定の固定客が存在しています。しかし、社長自身が、顧客がなぜ他社ではなく自社の商品を選んでいるのかを十分に理解できていません。つまり、自社の強みを理解していないのです。また、固定客のみに対して自社の既存商品だけを販売しているため、新たな顧客のニーズも把握できていません。

このように自社の強みと顧客のニーズを知らずに、既存商品を固定客だけに販売しているため、新規顧客を獲得するのが難しくなっているのです。そして中小企業では新商品の開発を行われない企業も多いため、売上が減少傾向となるのです。

さらに、競合他社の状況把握も不十分です。

競合他社の商品に関する知識は持っているのですが、何が当社より優れていて、何が劣っているのかを詳細に分析できていません。また、競合他社が強力な新商品を開発したり、新規参入で新たな競合が発生したりして、一部の顧客が当社から他社に流出することがあっても、顧客管理が十分ではないため、なぜ顧客が減少しているのか、さらには年々どの程度顧客が流出しているのかも把握できていません。

このように、多くの中小企業は、3Cの把握が十分ではないのですが、それでも業務のルーチンがある程度決まっていて、商品を買ってくれる固定客がいれば、事業はある程度回っていきます。しかしこれはあくまで、市場環境が安定し、変化が少ない場合に限ります。

昨今はネット社会で、各企業のホームページやネット通販、SNS等で、膨大かつ多種多様な情報が簡単に入手できます。つまり広告などにコストがかからず、顧客の選択肢は大幅に広がり、小さな企業や一個人でも、良い製品を適性価格で提供できれば強力なライバルになります。

そのため、**顧客のニーズを把握すること、競合他社を知ること、そしてその中でいかに自社の差別化（強み）を図っていくかを吟味し、機動的に行動していかなければ、事業を継続していくのは難しくなってきています。**

例えば、新型コロナウィルスにより、飲食業やサービス業を始めとしてさまざまな業種の需要が激減し、多くの企業が廃業に追い込まれました。そのような中、業績を回復させている企業もあります。

ひとつ、事例を紹介します。某寿司屋の事例ですが、「新鮮かつ高品質なネタ」にこだわったプロの職人の寿司屋で、あまり繁盛していない商店街の一角にあり、一定の固定客で成り立っていました。売上は大きくはないのですが、しっかりと黒字をたたき出していました。

そのような中、新型コロナウィルスにより顧客が一気に途絶えました。当社の固定客は年配者が多かったため、今後需要が戻ったとしても、以前のような売上を獲得することは難しい状況であると思われました。

そこで、需要が回復するまで一旦店を閉めて需要が戻り次第再開することにして、再開に向けて新たな戦略を練りました。そして従来のまま事業を続けても、この大きな市場変化に対応できないと判断し、ターゲットを拡大させて、従来の「新鮮かつ高品質のネタ」という軸を維持したまま、「寿司屋」という枠を超えて新たなターゲット顧客のニーズに応えていく戦略を打ち出しました。

新たな戦略とは、自社の強み・経営資源を活かせる、かつ今後需要が期待できる新たなターゲット顧客を設定すること、そして新たなターゲットに向けた価値を向上させて、価値を浸透させることです。

既存顧客である年配者は、コロナ禍が収まっても顧客として完全に戻ることは期待できません。また、同社の立地は都会から離れているため、通勤のビジネス層を取り込むこともできません。そのため周辺住民の中でターゲット顧客を再選定する必要がありますが、高級路線でいくと、ターゲットとなる顧客が近隣にはいません。

そこで、需要が見込める、その地域で一定の人数がいる「若い女性」という新たなターゲットを設定し、それらに合わせたメニューを開発したのです。

具体的には「インスタ映え」する料理であり、新鮮な地元野菜を使ったサラダ類や、新鮮な果物を使ったデザート類の開発、そして女性でも飲みやすい各種日本酒などをメニューに加えるなどの新機軸です。そしてフェイスブックやインスタグラムなど、SNSを徹底的に活用して、これら新たな料理（価値）を発信していきました。

もちろん店内は、レイアウトの変更や空気清浄機・透明パーティションの設置をするなど、徹底したコロナ対策を講じました。

そして数か月後、需要が戻ってきたところで店を再開しました。

すると、当初は既存顧客が一部戻ってきただけだったのですが、次第にＳＮＳを見て女性客が来店するようになりました。もともと本格的寿司屋であり、ネタと味には定評があるため、多くの新規顧客がリピートし、口コミで新たな顧客を連れてきてくれました。そして再開して２か月後には、黒字に戻すことができたのです。

当店の周囲の飲食店は、業績悪化で店を閉めるところ多かったのですが、そのような中で当社は、もともとの強みを維持しつつ、新たなターゲットを見出し、その顧客向けのメニュー開発で新たな価値を見出しました。そしてその価値を徹底して発信・浸透させていくことで、早期に新たな固定客を獲得することができたのです。

このように、市場の変化に対応するには、徹底した３Ｃ分析で市場環境の変化に対応することが重要なのです。

4 ビジョンが不明確

次の失敗の要因は、ビジョンが不明確であることです。

経営の基本概念には、ビジョンの他に、経営理念やミッションがよく活用されます。**「経営理念」とは、経営者が考える会社の存在意義や価値観のことです。**経営理念は長年引き継がれたものが多く、浸透すれば団結力は強固になります。

また、さまざまな書籍で「経営を行うには、まず経営理念を明確にすることが重要である」といった類のことがよく書かれています。そして経営理念の浸透した会社には、良い人材が集まりやすいといえ、カリスマ経営者のいる会社や超優良企業では、従業員に理念が浸透しているケースが多いといえます。

一方で課題としては、従業員への浸透が難しいことが挙げられます。

経営理念は重要であることは否定しませんが、実際にはほとんどの従業員は、自社

●経営の基本概念

経営理念	経営者が考える会社の存在意義、価値観
ミッション	使命。地域や業界など社会にどのように貢献するかを示したもの
ビジョン	会社が目指す将来の姿

の経営理念を知りません。そのため、経営理念は重要であると言われている一方で、機能していない企業が圧倒的に多いのが現状なのです。

この理由は、経営理念は「経営者が考えるもの」であって、一般社員はあまり関心がないものだからといえます。また、どこの企業も同じようなありふれた経営理念が多いのも、従業員が関心を持てない理由のひとつです。

次に「ミッション」とは、使命のことで、地域やその業界などの社会にどのように貢献するのかを示すものです。

ミッションの優位性は、企業活動の意義を認識しやすくなるため、従業員は働く意義を見出しやすく、使命感のある、士気の高い人材が集まりやすくなります。

反対に、企業自体に業界や社会を変える要素がなければ、インパクトのある、従業員に働く意義を見出させるほどのミッションを構築することは難しくなります。また、同業種や同地域の企業とミッションが重複するケースが多くなり、オリジナリティを見出すことが難しいのも課題のひとつです。

続いて「ビジョン」とは、会社の目指す将来の姿、目指すべきゴールです。

ビジョンは、短期的なゴールでも、中長期的なゴールでも、経営者や従業員一人ひとりが目指せるゴールとして明確に描けるものであれば問題ありません。

ビジョンの有効性としては、それ自体が会社全体の目指すべきゴール（目標）であるため、従業員全体のベクトルが合わせやすくなることです。

また、会社が目指すゴールであるため、柔軟な設定が可能です。例えば、「3年後に店舗を5店舗増やす」「5年後に売上高を2割増やす」といった定量的な内容や、「ワクワク、ドキドキする新たな商品を生み出していく」という定性的なビジョンもあります。

これら経営理念・ミッション・ビジョンの中で、その企業にとって何が最も重要なのかは、各々の経営者の考えによります。**ただし、どのような企業でも有効に働くの**

が「ビジョン」です。なぜなら、従業員一人ひとりの力を経営に活かすためには、従業員全体のベクトルを合わせる必要があり、そのためには共通のゴールを明確にする必要があるからです。

従業員はみな個性があり、スキルや得意分野、性格、年齢など、何もかもが異なります。そのため、ビジョンが不明確であれば、各従業員が、自分の都合に合わせて業務を行うようになります。そして会社の考えとは異なる方向性を向いて業務を行うことにもなり、そうなると、いくら個人が優秀であっても、会社全体ではマイナスに働いてしまうケースも出てきてしまいます。

スキルや個性がバラバラな人材が集まった組織の力を、効率よく効果的に経営に活かすためには、組織全体のベクトルを一方向に合わせ、個々の従業員が、企業が示すゴールに向かって仕事を行うことです。

なお、最も効果的なビジョンを構築する方法があります。それは、「その会社が顧客にどう思われたいか」をビジョンにすることであり、この詳細は第7章で説明します。

5 業績未把握で、PDCAが回せていない

続いての個人M&Aの失敗要因は、社長自身が業績を把握しておらず、経営のPDCAが回せていないことです。

業績を把握するためには、年に一度作成される決算書があります。**決算書とは中小企業の場合、PL（損益計算書）とBS（貸借対照表）の2つです。**ちなみに決算書にはもうひとつCF（キャッシュフロー計算書）がありますが、CFは大企業では作成されますが、中小企業では通常は作成されません。中小企業で資金状況を確認する場合は、CFではなく資金繰り表が使われます。

PLは、どの程度儲かっているかという収益状況を表すものです。またBSは、会社の財産と、その財産を得るための資金の出所を表すものです。

このPLとBSで、一年間の経営成績を確認することができ、次年度の経営戦略の

構築や事業計画を策定するためのベースになるため、経営者にとっては極めて重要です。しかし、この決算書をしっかりと振り返ることをしない経営者が以外と多く、経営の基本となるＰＤＣＡが回せていません。

ＰＤＣＡとは、Plan（計画）、Do（実行）、Check（検証）、Action（改善行動）の頭文字を取ったもので、経営状況を振り返り、問題があれば改善する、ということを繰り返すものです。つまり、日々発生するさまざまな課題をタイムリーに改善し、価値向上や生産性向上を図って価値を高めていくものです。これは経営に限ったことではなく、工場の製造現場や、個人の成長でも使われるものです。

経営でＰＤＣＡを回す場合、まずは数値で現状把握をします。そしてもし数値が悪化している場合、なぜ悪化したかの原因を究明するために、現場で発生している現状を把握し、現場での問題点、そしてその原因を究明します。そしてその上で、改善策を構築し、即座に改善施策を実行に移していくのです。これを繰り返すことで、より良い経営が実現し、業績が上向いていくのです。つまり、業績の悪化や低迷の原因は現場にあるため、「問題点（数値）の発見→原因（現場）の究明→改善行動（現場）」を繰り返せば、業績はおのずと良くなるのです。そのため、安定した経営を行っていくには、ＰＤＣＡを回すことが大切なのです。

なお、期中で業績の状況を把握するためには「試算表」を活用します。

試算表とは月次のＰＬとＢＳのことです。試算表で各月と、その月までの累計の業績を把握し、実績だけでなく、前年同月比や計画比で状況を把握します。

年間通してではなく、試算表で期中の毎月の業績をチェックすることも、経営者にとっては必要不可欠です。そして毎月の経営会議で、試算表を見てＰＤＣＡを回していき、タイムリーに現場の問題点を改善しながら業績向上を図っていくのです。

しかしながら、試算表を作成しない中小企業も多いのが現状です。そのため、もし事業を運営する中で問題があり、それが原因で業績が悪化しても、期中でその問題を振り返ることが難しくなります。その結果、問題を抱えたまま事業を運営し続けることになり、それが積み重なって多くの問題を抱えるようになり、事業価値の低下や赤字額の増加につながっていくのです。

6 従業員とのコミュニケーション不足

続いての経営の失敗要因は、従業員とのコミュニケーションが不十分なことです。

大手企業と中小企業の違いについては前述しましたが、中小企業は組織体制が曖昧で管理・統制が不十分です。そして経営者と従業員が、指揮命令系統ではなく人間関係でつながっていることも少なくありません。そのため、経営者と従業員との信頼関係が構築できていなければ、大企業以上に業務に支障をきたします。

そして、経営者と従業員との信頼関係を構築するための最も重要な要素が、このコミュニケーションなのです。

例えば大手企業では、管理者が部門全員に指示を出す際、メールで一斉送信すれば伝わります。特に個別に丁寧に説明することもなく、部下はその指示に従って業務を行います。もちろん大手企業でも個別のコミュニケーションは大切ですが、都度個別にコミュニケーションを取らなくても、業務はスムーズに進みます。

一方で中小企業の場合、業務によっても異なりますが、メールで一斉に指示を出しても現場が動かないことがあります。

これは、中小企業の業務が労働集約型で固定化されており、また個々の業務範囲を担当者個人で決めてしまう傾向があるため、メールで新たな業務を部門単位で依頼しても、従業員が自分を当事者として認識しないことが原因です。

また、そもそも中小企業の従業員は、現在行っている業務以外の仕事への取組み意識が非常に消極的です。これは、中小企業の従業員の給与は、大手企業の半分か3分の1程度で、ボーナスも福利厚生も少なく、昇格もないに等しいため、大企業と比べて仕事に対するインセンティブが圧倒的に少ないのが要因のひとつです。

中小企業の従業員は、このような環境の中で日々の仕事をこなしているため、これ以上仕事を増やしたくないと考えています。そのため、従業員との信頼関係が希薄であれば、社長であっても従業員の重い腰を上げさせるのは一苦労です。

この状況を知らずに、コミュニケーションも取らずにメールでそっけなく依頼してしまうと、従業員のやる気は高まらないばかりか、経営者に対して不信感を抱く可能性があるのです。

特に外部から来た経営者は、従業員にとって「よそ者」であり、心を開くのに時間がかかります。それが大手企業から来たとなると、従業員は余計に警戒するでしょう。そんな中で、現場とコミュニケーションを取らず、知識と合理性で現場を動かそうとすると、従業員から総スカンを食らってしまうかもしれません。

企業を買収して成功する経営者は、徹底した現場主義者であり、従業員とコミュニケーションを大切にする人です。経営者が一人ひとりとコミュニケーションを取り、個々に信頼関係を構築して初めて現場の担当者が動くことを知っているからです。

中小企業をうまく経営していくには、各従業員とコミュニケーションを取って信頼関係を構築し、機能面だけでなく感情面でアプローチすることが大切なのです。

7 ブランディングできず、低価格競争に陥る

個人M&A失敗要因の最後は、中小企業は「ブランディング」を意識している経営者がほとんどいないことです。

もともと大企業と中小企業ではブランド力に大きな差があり、このブランド力の差は、販売力などの経営力に大きな差となります。

「ブランド」や「ブランディング」という言葉は曖昧で、コンサルタントでもこれらを正確に理解している人は少ないのが現状です。そのため多くの人が「ブランド」と聞いてイメージすることは、ブランド力の高い企業名や商品名という場合が多いのではないでしょうか。

例えば、アップルやアマゾン、フェラーリ、シャネルなどの有名企業です。そのため、ブランドとは、会社名や店舗名、商品名そのものであり、大企業や有名企業の話

で、中小企業には関係ないと考える人が多くいます。しかし社名や商品名自体がブランドではありません。

また、ブランディングとは、デザインを洗練させることだと考えている人が多いかもしれません。実際にブランドコンサルティングを行っているのはデザイナーが多く、そのコンサルティングの中身は、単にカタログや各種ツール、会社のロゴや商品のデザインを再構築することが多いのが現状です。しかしブランディングとは、デザインを洗練させることではありません。

まず「ブランド」とは、顧客が、その会社や商品・サービスに対して思い浮かべる「価値イメージ」です。つまり顧客や消費者が、会社名や商品名を見聞きして、そこからイメージするものです。

例えば、アップルと聞いてイメージするのは「革新的」「おしゃれ」「高機能」「世界屈指の優良企業」などと思いますが、これこそがブランドなのです。

そして「ブランディング」とは、会社のブランド力をつける活動のことです。具体的には、企業の価値を高め、価値の高い商品を提供すること、そしてターゲット顧客に対して価値を発信し続けて浸透させるという経営活動全般を指します。単に商品やツールのデザインを構築することではないのです。

中小企業は大企業のように、低価格で勝負することはできません。大企業は、大量仕入や、最新の設備やシステムを導入することで、人手のかからない高い生産性を実現し、低コストで高付加価値な製品を大量生産することができます。

しかし中小の製造業は、大企業のように低コストで生産することはできません。小売でも、大企業のように大量に低コストで仕入れることができません。そのため中小企業は、低価格で勝負しても大企業にはまったく歯が立たず、十分な利益を獲得することができません。

そのような中、多くの中小企業は、何とか売上を確保するために値段を下げて大企業と勝負しているのが現状です。しかしそれでは利益が確保できず、売上高は増えても利益が減り、業績は悪化する一方です。

昨今の日本の市場は、モノや情報が溢れ、便利なモノやおいしい料理が安価で手に入る時代になりました。そのため、消費者のニーズは多様化し、多くの業界が成熟し、良いモノをより安く購入できるようになりました。さらに新型コロナウィルスによる影響ですべてがリモートで完結する世の中になりつつあり、人件費等のコストが下がって、ますます低価格化が進む状況です。

このような市場環境においては、中小企業が売上のボリュームを追求するのは困難です。そのためターゲットを絞り込み、絞り込んだ顧客のニーズに応えられるような、差別化された商品を提供していかなければ生き残れません。

つまり、少量しか売れない中小企業は、量を売って利益の「額」を稼ぐのではなく、少ない量でも一定の利益額を稼ぐために、利益の「率」、つまり高利益率で勝負するしかありません。

しかし、大企業と同じような商品では、消費者は安価な商品を選ぶため、徹底した差別化を図ることで自社のブランドを確立することが重要になります。その差別化がブランドとして認知されることで、大企業よりも高額であっても顧客に選んでもらえるのです。

そのためには、「他社と異なる特徴のあるもの」で、かつ「顧客に受け入れられるもの」を販売するしかありません。

この両方を満たすものが「価値」であり、自社の持つこの価値が顧客に浸透している状態こそが「ブランド」なのです。

つまり、中小企業の生きる道は、お客様自らが自社を選ぶようになるための自社ブランドを確立し、しっかりと利益を出す体質にすることなのです。

第4章

M&Aの全体像を知る

個人M＆Aの概要と現状を理解したところで、ここで改めてM＆Aを進めていくにあたってのプロセスを、手順を追って丁寧に説明していきます。マッチングサイトの登場などで以前よりシンプルにはなっているものの、間違えのないように詳しく解説します。

1 M&Aの全体プロセス

本章では、M&Aのプロセスに関する全体像についてご説明します。

改めて言うと**M&Aとは、合併と買収（Mergers and Acquisitions）の略で、企業や事業の経営権を他社が取得、もしくは譲渡することを指します。**広義のM&Aでは、株の持ち合いや合弁企業の設立などの資本提携も含みます。またM&Aの名称にも使われている合併については、グループ企業内以外ではほとんど使われることはありません。

本書は個人による企業買収が対象のため、規模の小さい「スモールM&A」でよく活用されるスキームである「株式譲渡」と「事業譲渡」を中心に説明し、機能的に事業譲渡と似ている「会社分割」についても確認します。

まずは、M&Aの全体プロセスを説明します。スキームが変わっても基本的には大きな違いはありません。
下の図は、一般的なM&Aにおける大まかな流れです。

M&Aで最初に行うことは「❶相手探し」です。

相手企業を効率的に探す方法は、個人の場合は、多くがM&Aマッチングサイトで相手探しを行います。M&Aのマッチングサイトは多数ありますが、今でも増加傾向です。代表的なものでは、株式会社日本M&Aセンター

●買い手からみたM&Aプロセス

プロセス	内容
❶相手探し	個人M&Aの多くはマッチングサイトで案件を探すことからスタートする
❷秘密保持契約の締結	興味がある企業が見つかったら、秘密保持契約を締結後に、基礎情報が開示される
❸基本条件の提示	譲渡価格を含めた売り手の希望条件の確認、交渉可能条件の確認など
❹TOP面談	売り手・買い手双方の相性や経営についての考え方などを交換
❺基本合意書の締結	法的拘束力を持たせず(一部例外あり)に、(4)で確認した諸条件を記載。以降は独占交渉権を付与して、買い手1社に絞って交渉
❻買収監査	買い手によりDDを実行し、リスク要因の評価などを行う
❼最終条件交渉	DDの内容を反映して、最終契約の条件調整を行う
❽最終契約書の締結	価格だけでなく、クロージングの前提条件、誓約条項などの合意条件をすべて記載。最終契約とクロージングが同日になることもある
❾クロージング	M&A取引の決済日で、通常はクロージングの日が効力発生日になる
❿PMI	買収後の経営統合期間のことで、前代表と3～6ヶ月程度の引継ぎ期間を設けることが多い

●IMの内容

①会社概要	④主要取引先	⑦保有設備・資産一覧
②組織構成	⑤商流	⑧希望条件
③事業概要	⑥財務状況	⑨その他

の子会社でユーザー数や案件数で最大規模の「Ｂａｔｏｎｚ」や、Ｍ＆Ａマッチングサイトの老舗である「ＴＲＡＮＢＩ」、その他転職サイト会社が運営する「ビズリーチ・サクシード」などがあります。これらマッチングサイト上で一覧できる情報は、企業が特定されない情報に絞られています。

興味のある会社が見つかったら、**「❷秘密保持契約（Non-disclosure Agreement、以下ＮＤＡ）の締結」**を行い、その上で企業が特定できる情報を開示してもらいます。ここで開示される情報は、案件概要書（インフォメーション・メモランダム、以下ＩＭ）とも呼ばれ、その内容は概ね上記のとおりです。ただし、Ｍ＆Ａマッチングサイトでは「案件概要書」がなく、決算書など、あらかじめ売り手企業にある情報のみ開示される場合も少なくありません。買収を検討するにあたっては、より多くの情報が開示されるのが望ましいので、情報が少ないと感じる場合には、売手もしくは売り手アドバイザーに追加の情報を開示してもらえるようお願いしてみましょう。

次に「❸**基本条件の提示**」です。

基本条件の提示では、売り手の希望価格だけでなく、会社名や屋号を残したい、従業員は全員引き継いでほしい、などが代表的な条件となります。スキームについては後述しますが、会社ごと譲り受ける株式譲渡では、売り手企業の金融債務の引継ぎやオーナーの個人保証の解除なども条件となることが多くあります。これらには金融機関の同意が必要となり、株式譲渡が難しい場合もあるため、個人のM＆Aでは引き継ぐ資産・負債を任意に選ぶことができる事業譲渡を選択する場合が多いです。

続いて「❹**TOP面談**」です。

このTOP面談まで進んで、初めて売手企業の代表と面談します。ここでの目的は、お互いの相性や経営についての考え方、売却・買収を希望した経緯などをお互いに確認します。TOP面談は、あくまでもお互いの相性や考え方を知る場ですので、価格についての交渉はしないように注意しましょう。M＆Aはお見合いに例えられることが多いですが、お見合いの場で、いきなり相手の年収や貯金の額を聞くことがないのと同じことだとイメージしてもらえばわかりやすいと思います。

●基本合意書の内容

①株式譲渡対価（買収金額）	⑥独占交渉権の付与
②スキーム（株式譲渡・事業譲渡など）	⑦売り手の禁止事項
③スケジュール	⑧秘密保持義務
④買収監査（DD）の実施協力	⑨法的拘束力の有無
⑤表明と保証	

基本条件の確認とTOP面談が終わり、買収の意向が変わらなければ、**「❺基本合意書の締結」**に進みます。

これまでのプロセスでは複数の買い手が存在しますが、基本合意を締結することで独占交渉権が付与され、買い手は一社に絞られます。基本合意書に記載される内容は案件ごとに変わりますが、概ね上記の内容で構成されます。

基本合意でのスケジュールでは、6か月程度の有効期限を設けます。これは、期限を設けることでお互い成約というゴールを意識してもらい、取引の遅延を防止する意味合いもあります。

なお、上記の「⑤表明と保証」は聞きなれないと思いますが、M&Aの契約書には必ず記載される項目で、売り手がこれまで開示した資料等が真実であり正確であることを表明し、その内容を保証するものです。

基本合意書が締結されたら**「❻買収監査（DD）」**を実

施します。

DDには財務や法務の他にも、ビジネス、労務、不動産、環境、ITなど多岐にわたります。できればビジネスDD、財務DD、法務DDの3つは行いたいところですが、スモールM&AではこれらDDを実施しないケースも多くあります。その理由として、外部に依頼すると高額であることが多く、少しでも支出を抑えるためにDDを省略してしまうのです。

しかし、DDは必ず実施することをお勧めしています。なぜなら、M&Aを成功に導くためには売手企業への理解を深める必要があるからです。

例えば財務DDでは、売手企業の企業価値の評価だけでなく、リスク要因などを評価することも含まれます。中小企業では、簿外債務の存在や、決算書が不正確なことも珍しくありません。そのため決算書に掲載されている資産が実在しているのかを目視で確認することも重要です。もし財務DDを行わなければ、資産の毀損（機械装置が損傷により正常に作動しないなど）や簿外債務の判明、不適切な会計処理により税務調査で重大な指摘を受けるなど、想定外の負担を強いられる恐れがあります。

次に、DDで調査した内容を織り込んで「**❼最終条件交渉**」に入ります。

●株式譲渡契約書の内容

①目的・定義
②取引内容
③表明と保証
④誓約事項
※譲渡日前後でそれぞれ誓約
⑤クロージング条件
⑥解除条件
⑦損害賠償・補償

基本合意書で記載した内容から大きな調整が入らないことが理想的ですが、財務ＤＤの結果、検出されたリスク項目に応じて対処する必要が出てきます。具体的には、未払い残業代や退職給付金を引当てていないなど、賃金にかかわることや回収可能性のない売上債権、保有する土地を時価に置き換えるなど定量化可能なリスクは、売り手と協議の上で価格に反映します。

最終条件の調整が終わったら「**❽最終契約書の締結**」に進みます。

最終契約書の代表的なスキームである「株式譲渡契約書」の基本構成は上記のとおりです。なお最終契約書は「株式譲渡契約書」や「事業譲渡契約書」など、スキームによって契約書名は変わってきますし、記載する内容も変わります。

最終契約書の内容は、基本合意書と重複している項目も多いですが、基本合意書と異なり、最終契約書ではすべての項目に法的拘束力が発生しますので、細かい内容まで確認する必要があります。内容の最終確認は必ず弁護士に行ってもらいましょう。

M&Aの最終工程は「❾クロージング」です。

最終契約書に記載したクロージング条件や誓約事項などが満たされていれば、そのままクロージングに進みます。譲渡対価の金銭決済や、会社の代表印など重要物品の引き渡しなどを行い、クロージングの手続きが済んだら成約となります。

その後、買い手が企業の場合は「❿PMI」による企業同士の統合を行います。

マッチングサイトで相手を見つけてから成約に至るまでの期間は、平均で6か月程度かかりますので、個人が仕事をしながら進めるのは大変な労力が必要になります。ご自身の仕事の繁閑などを事前に確認してから進めるのが望ましいでしょう。

2 企業売買の手法❶ 株式譲渡

M&Aの9割近くが「株式譲渡」の手法で行われていると言われています。そのため、まずはこの株式譲渡の手法やポイントを把握することから始めましょう。

株式譲渡では、譲受企業もしくは個人に株式を譲渡することで経営権が移転するものです。中小企業での株式譲渡では、ほとんどの場合が株式を100%譲渡します。株主が代表取締役である場合がほとんどですので、代表取締役も変更となることが多く、その他の役員も新しいオーナーの意思に沿った役員に変更されます。

株式譲渡の買い手側のメリットは、すべての契約や許認可、取引先をはじめ、従業員などその企業の全部を引き継ぐことができるため、対外的な影響を抑えられることです。

また、他のスキームと比較して手続きが簡単であることも挙げられます。

デメリットは、会社の債権債務だけでなく、その時に認識していなかった簿外債務（貸借対照表に載っていない債務で、未払い残業代など）や偶発債務（保証人をしていた会社が倒産した、訴えられたなど）も引き継いでしまうことです。

前項の全体のプロセスで触れましたが、個人Ｍ＆Ａでは、事業譲渡を選択する場合が多いですが、許認可などを引き継ぐ必要がある建設業や旅館業などでは、事業譲渡ではなく、許認可の引継ぎができる株式譲渡で取り引きを進めます。

●株式譲渡の流れ

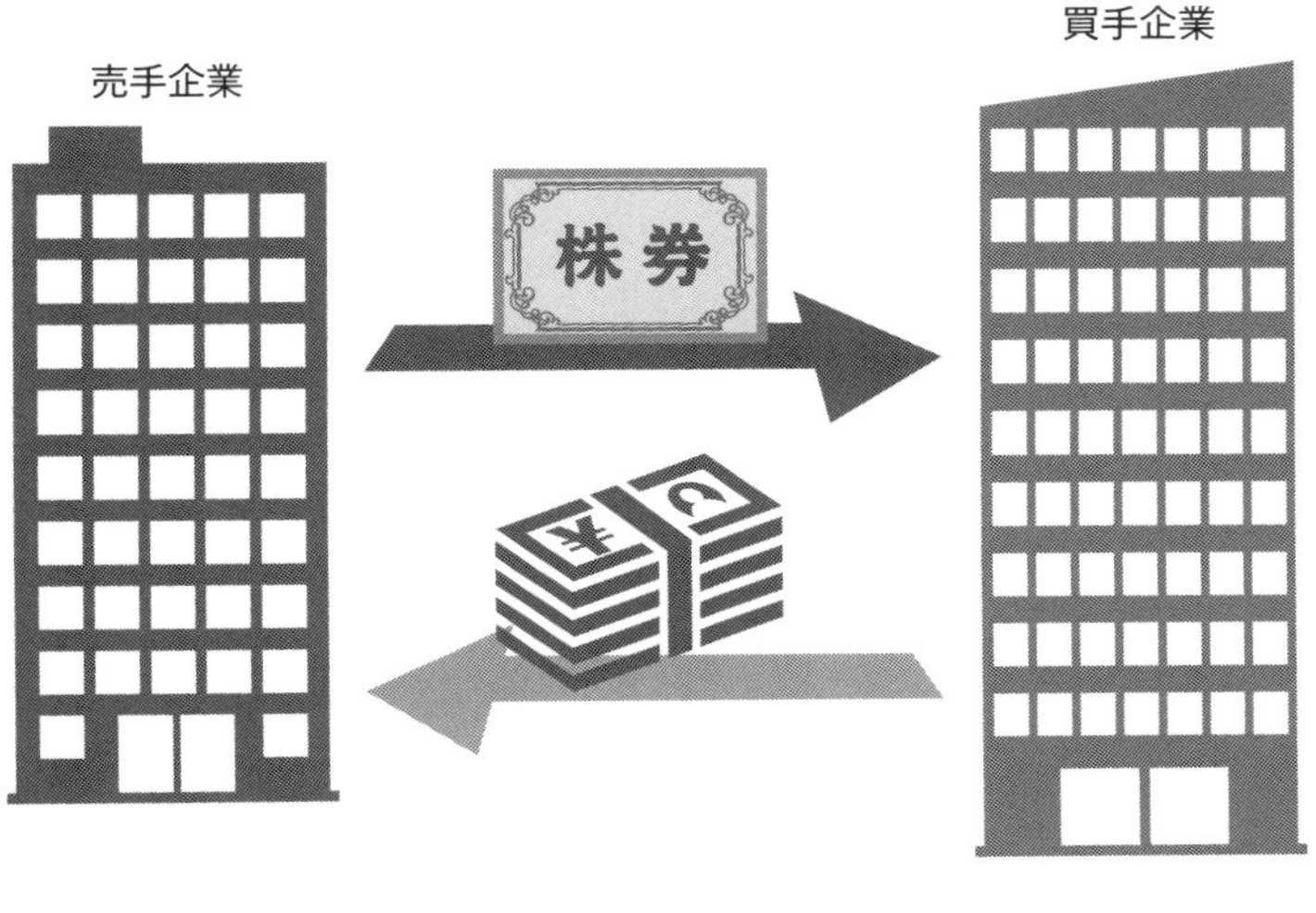

3 企業売買の手法❷ 事業譲渡

先ほどM&Aの9割程度が「株式譲渡」であるとお伝えしましたが、本書のテーマである個人M&Aでは「事業譲渡」の割合が多くなります。

理由はいくつかありますが、個人では金融機関の同意が得られにくいことや、一店舗のみなど事業の一部を譲受けることができるため、金銭的負担が少なくなり、個人M&Aにマッチするためです。

事業譲渡とは、株式会社が有している事業の全部または一部を譲渡することをいいます。買い手に移転する資産や負債などを個別に移転事業の全部または重要な一部を譲渡するには、株主総会の特別決議が必要になります。

事業譲渡のメリットは、譲り受ける資産、負債を選択できるため、不必要な資産などを引き継ぐ必要がないこと、簿外債務を引き継ぐことがないためリスクが低いこと、

●事業譲渡の流れ

そして営業権は5年間損金計上できるため節税効果が得られることなどです。

デメリットは、許認可は引き継げないことや、契約などは取引先など相手の同意が必要となることです。また、事業譲渡で譲受ける設備等には消費税がかかるので、株式譲渡ではない税負担が発生します。

その他にも、従業員を引き継ぐ場合は、個別の同意が必要となるので、株式譲渡と比べて手続きの手間がかかることが挙げられます。

なお、**個人M&Aでは、事業譲渡をお勧めしています。理由は、中小企業の大半は金融機関から借入をしていますが、売り手オーナーの個人保証の解除はまだ難しい場合が多いためです。**すでに個人保証がある融資については、金融機関は簡単には承諾しません。

金融庁が調査した「民間金融機関における経営者保証に関するガイドラインの活用実績」によると、新規融資に占める経営者保証に依存しない融資の割合は、２０１７年度が16・５％だったものが、２０１９年度には21・５％まで上昇しており、金融機関の融資姿勢に変化は見られますが、融資全体の２割程度に留まっています。売り手オーナーの個人保証の解除は、買い手の責任において金融機関に依頼しますが、経営経験がない個人に対しては、金融機関の見方は特に厳しいのが現実です。成約直前で個人保証が解除できずにブレイクすることも考えられるので、金融機関からの借入がある場合は、慎重に検討する必要があります。

その点、事業譲渡であれば金融機関の借入を引き継ぐ必要がないため、個人保証についての心配はありません。また、例えば飲食店を複数経営する会社があったとして、そのうちの「一店舗だけを買収する」といった具合に、取得する資産を選べるため、買収にかかる総額を抑えられる場合も多いことなどから、個人の場合は事業譲渡をお勧めしています。

4 企業売買の手法❸ 会社分割

個人M&Aで会社分割を利用する場面は少ないですが、事業譲渡の項で述べた通り事業譲渡では許認可が引き継げません。事業を継続するために許認可の引継ぎが必須となる事業の場合は会社分割を利用する可能性もあるので、本項で簡単に説明しておきます。

会社分割とは、株式会社または合同会社がその事業に関して有する権利、義務の全部または一部を切り出して、別の株式会社または持分会社に移転することです。事業譲渡に似ていますが、事業譲渡は売買契約という取引行為であるのに対して、会社分割は会社法における組織再編手続きとなります。

会社分割は主にグループ会社の再編で用いられることが多く、その他にも細かい点で事業譲渡と違いがあります。

事業譲渡と会社分割の違いのひとつは、事業譲渡の対価は主に現金で支払われるのに対して、会社分割でもグループ再編を目的としている場合は、無対価や、株式で支払われるケースがあることです。

また、事業譲渡は売買取引であるため、消費税がかかる上に、不動産も対象になっている場合は不動産取得税や登録免許税が発生します。会社分割では、消費税は非課税となり、不動産取得税や登録免許税の軽減措置も受けられるので、税負担が軽くなります。

その他にも、事業譲渡では簿外債務を引き継ぐリスクはほとんどないのですが、会社分割では権利・義務を包括的に承継するため、未払い残業代などの簿外債務にも注意が必要になります。また、事業譲渡では許認可が引き継げませんが、会社分割では原則、許認可を引き継ぐことができます。

ちなみに、会社分割には「新設分割」と「吸収分割」があります。「新設分割」は会社を新設して新設会社に既存事業の一部、または全部を引き継ぐ手法です。そして「吸収分割」とは、既存の他企業に既存の事業の一部、または全部を引き継ぐ手法です。

●「吸収分割」と「新設分割」

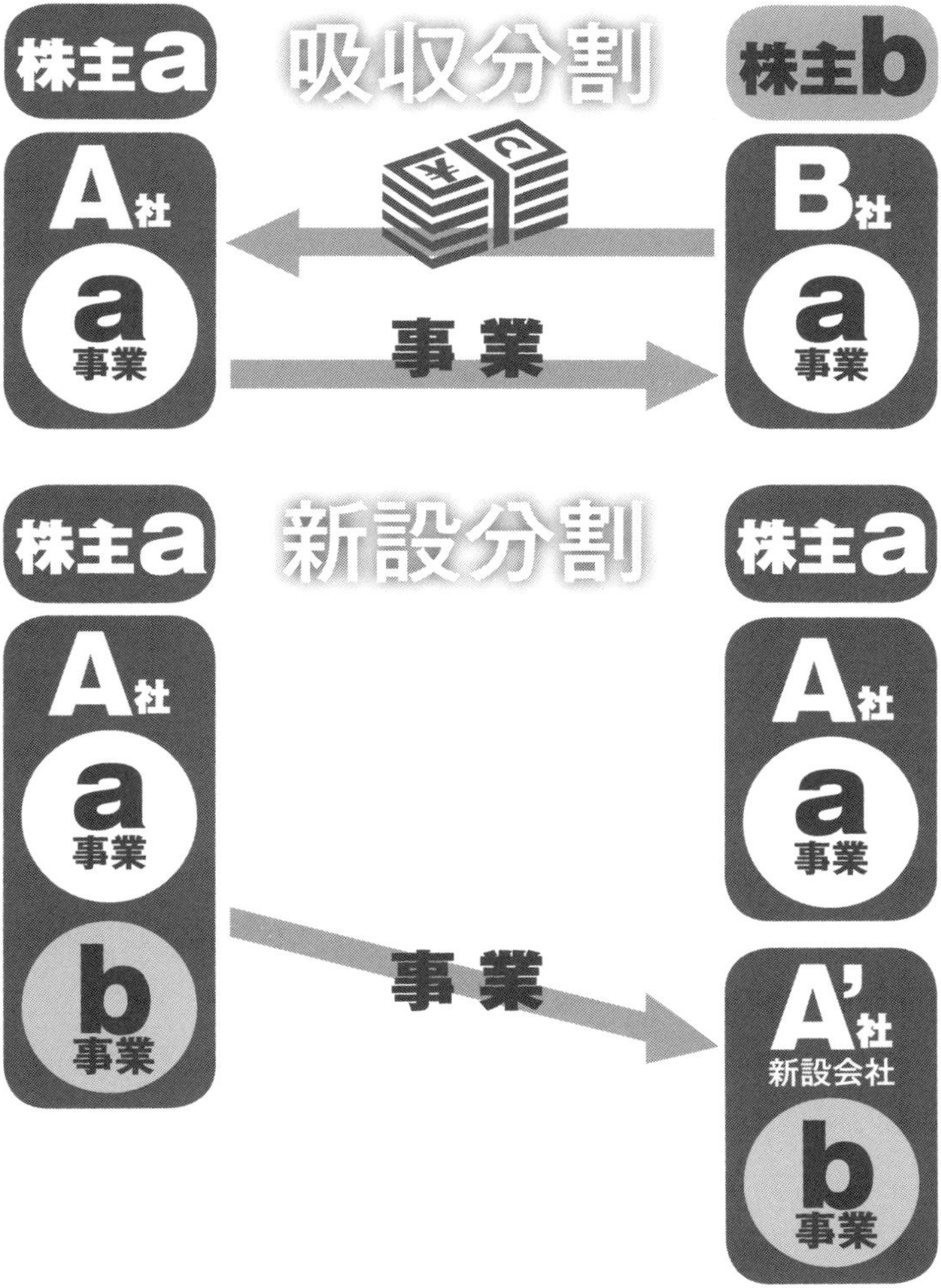
吸収分割
株主a
株主b
A社
B社
a
事業
a
事業
事業
新設分割
株主a
株主a
A社
a
事業
b
事業
A社
a
事業
事業
A'社
新設会社
b
事業

5 企業の値段の付け方（企業価値評価：バリュエーション）

企業価値評価の方法は、大きく分けて3つあります。**1つめがコストアプローチ、2つめがインカムアプローチ、3つめがマーケットアプローチです。**

1つめのコストアプローチは、資産や負債から価値を算出するもので、簿価純資産法や時価純資産法などがあります。

2つめのインカムアプローチは、将来見込まれる収益やキャッシュフローからリスクを差し引いて算出するもので、ディスカウント・キャッシュフロー法（Discounted Cash Flow、以下DCF法）や収益還元法などがあります。

3つめのマーケットアプローチは、株式市場の評価から価値を算出するもので、市場株価法や類似会社比準法などがあります。

上場会社では、インカムアプローチ（DCF法など）とマーケットアプローチ（類似会社比準法など）を組み合わせて企業価値を算出する場合が多いですが、個人を含むスモールM&Aでは、コストアプローチの時価純資産法に営業権を加えた方法が主流となっているので、この「時価純資産＋営業権」を中心に見ていきます。

まずは「時価純資産法」ですが、帳簿上の純資産に含み損益を考慮して時価で評価する方法です。見るべきポイントとしては、「棚卸資産が帳簿通りに存在するか」「設備などの有形固定資産は帳簿の通りに存在するか」「減価償却が正しく行われているか」などを確認します。個人M&Aで多い事業譲渡では、譲渡契約書に一つひとつ引き継ぐ資産・負債を列挙するので、すべて目視で確認する必要があります。

次に「営業権」については、スモールM&Aで実務上よく使用されるものに「年買法」があります。**年買法とは、修正営業利益（過大な役員報酬や減価償却不足などがあった場合、調整した後の営業利益）の3〜5年分を営業権相当額として、時価純資産の金額に加算する方法です。**なお、修正営業利益に乗じる年数は、業種や経済状況などに応じて変化しますが、一般的には不動産業のような安定的な事業では長くなり、ラーメン店などのように流行に左右されやすい業種は短くなる傾向があります。

6 PMI（企業統合プロセス）

本章の最後は、ＰＭＩについてご説明します。ただしＰＭＩは、買い手企業と売り手企業を統合するためのプロセスであり、買い手側が企業であることが前提となります。本書は個人Ｍ＆Ａ向けの本なので、簡単なご紹介に留めます。

PMIとは、ポスト・マージャー・インテグレーション（Post Merger Integration）といって、企業買収後の統合プロセスを指します。

企業統合を成功に導くためのポイントは大きく2点あります。

1つめは、事前に統合の手法を設計した上で実施することです。ただ闇雲に実施したり、現場任せにしたりしてもうまく統合することはできません。

統合の設計は、企業全体から各部門の業務レベルまで、全体設計から詳細設計まで必要になります。それには買手企業の情報を詳細に知る必要があり、そのためのビジネスDDは必須であるといえます。また、PMIを外部に委託する場合、買い手企業と売り手企業の双方のビジネスDDを実施する必要があります。

買い手と売り手の双方の現状把握を行ったら、具体的な統合に向けての構想を練って、具体的な業務まで立案します。こうして全体設計と詳細設計が完成したら、これらを実行するためのスケジューリングを含めたアクションプランを作成します。

なお、アクションプランの内容は、プロセス単位での具体的な「実行内容」「実行期間（開始予定日〜終了予定日）」「責任者」「実行者」です。

そして2つめの成功のポイントは、PMIのプロセスを明確にして、そのプロセス通りに進めることです。そしてそのプロセスは、「全体から詳細へ」という流れで統合していくことが重要です。

具体的なPMIは、**❶経営統合、❷管理統合、❸業務統合**という3つのプロセスで実施していきます。

まずは「❶経営統合」とは、経営全般を統合するためのプロセスです。具体的には、経営理念やビジョンといった基本概念から、会社全体の経営体制や組織体制の再構築、経営戦略・マーケティングの立案です。その他、基幹システムや、人事労務など管理

●PMI（企業統合プロセス）の流れ

プロセス	統合名	概要	内容
❶	経営統合	経営全般	**■統合後の枠組み（全体）設計** ・基本概念の統合 ⇒経営理念、ビジョンなど ・経営体制、組織体制の再構築 ・経営戦略の立案 ・マーケティング戦略の立案 ・基幹システムの統合 ・管理業務の制度の統合
❷	管理統合	各部門	**■統合・シナジー発揮の運用設計** ・事業戦略の構築 ・各部門の組織体制 ・マネジメントの仕組み
❸	業務統合	各業務	**■各業務の詳細設計** ・各部門のシステム、業務の統合 ・ルーチン、各種機械装置の統合 ・部門間連携の統合 ・理念などの従業員への浸透

業務の制度の統合やすみ分けなども指します。

特に、シナジー効果を実現するためには、互いの経営資源をどのように統合するか、あるいは各々の強みをどのように活用するかという、統合後の経営戦略やマーケティングの構築が重要であり、最初にこの枠組みの設計をしっかりと実行することが重要になります。

次に「❶管理統合」とは、シナジー効果を発揮するため、および各部門を統合するための運用面での設計プロセスです。具体的には、事業戦略の構築、各部門の組織体制、マネジメントの仕組みの再構築です。

シナジー効果を発揮するための枠組みを構築した後に、どのような組織体制やマネジメントで運用していくかを決めるプロセスです。

最後に「❸業務統合」は、各部門のシステムや業務内容、ルーチンや各種機械装置の統合です。各部門の具体的な業務を統合し、効率的に運用するための詳細設計のプロセスになります。また、各部門の業務の中には他部門との連携も必要になる業務もあるため、部門間連携についても調整が必要になります。

このように、全体の枠組みと運用管理を整えた上で、最後に現場レベルの業務を統合することで、統合後の業務をスムーズに実現していきます。なお、経営理念やビジョンなどを従業員へ浸透させる業務もこのプロセスになります。

M&Aでシナジー効果を実現することは容易なことではありません。失敗の要因としては、買収前後に売手企業の現状把握が不十分なことであると前述しましたが、このPMIが不十分であることも大きな要因のひとつです。

統合プロセスの不備により、内部業務の乱れによる社内混乱や非効率化が起こります。それが内部に対立まで発展すると、不満が募った優秀な従業員の離職や、顧客離れにまで発展する可能性があり、企業価値が毀損してしまう恐れまで出てきます。

M&A成功のためには、買収前後に各統合プロセスについて吟味し、事前に仕組みを設計することが重要なのです。

第5章

企業買収前に押さえるべき「企業特性」

第2章、第3章でお伝えしたように、売手企業の中身をよく知らずに買ってしまうと、その後の経営で問題が生じ、後で大きく後悔することになります。買収前に知っておくべきことは、その企業の「特性」です。ここをしっかり押さえて、M&Aを成功させせましょう。

1 まずは企業の基本的な「特性」を知る

中小企業のM&Aで成功をおさめ、安定した経営を行うためには、まずは売手企業の詳細な内部環境を把握することが大切です。ただしその前に、知識として中小企業のさまざまな特性を押さえておく必要があります。

特性を知らなければ、正確かつ迅速な経営判断ができません。なぜなら、特性というのは経営判断の前提条件となるものであり、特性を知らないなかで経営判断を行ってしまうと判断を大きく誤り、ミスリードによって経営を悪化させてしまう可能性があるからです。

例えば、法人向けの製品を取り扱っている企業に対し、一般消費者向けのマーケティングを行ってしまうと、効果が期待できないだけでなく、ヒト・モノ・カネの経営資源の多くを無駄に使うことになります。また、本来機械化によって生産性向上を目指すビジネスモデルであるのに対し、機械化を進めず人を多く雇ってしまうと、コスト高になって競争力を失うだけでなく、余剰人員を抱え込んでしまい、経営を大きく圧迫させてしまいます。

そのため、ビジネスDDで個別に企業の実態を把握して物事を判断することが大事なのですが、その前提として、まずは業種などの特性を知ることが大切なのです。

特性といっても、幾つかの種類に分かれますので、それぞれの特性についてここで抑えておきます。

- **企業特性**
- **事業特性**
- **業界特性**
- **地域特性**

まず「企業特性」とは、戦略や戦術を考える際に考慮すべき、その企業特有の要因を指します。主に企業内部（内部環境）に関する特性のことをいいます。

企業特性は、企業活動を行う上での制限事項になります。例えば、法人向け製品を取り扱う「ＢｔｏＢ」の場合は、対象顧客が法人であるという特性になるため、一般消費者向けの戦略や戦術を打ち出す必要はない、ということです。

次に「事業特性」とは、企業内部の特性に加え、外部環境も含めたものをいいます。外部環境とは、市場や各業界全体の傾向といったマクロ的な視点の他、自社の直接の顧客となるターゲット顧客のニーズ・ウォンツ、競合他社の状況といったミクロの視点も含め、自社でコントロールできない事項を指します。

外部環境は、新型コロナウィルスのような世界規模での大きな変動から、業界や地域特有のものまでいろいろとありますが、自社商品やサービスのターゲット顧客にどのように影響するのかを考えることがポイントです。

続いて「業界特性」とは、製造業、飲食店など、各々の業種（業界）に存在する特有の要因を指します。

Ｍ＆Ａで買収企業を検討する場合、まずは業種で絞り込むケースが多いと思いますので、個々の業界特性を抑えることはとても大切です。

例えば、小売業とサービス業は、同じ店舗型ですが、小売店はモノを扱い、サービス業は基本的にサービスという無形のものを扱います。そして、同じ店舗業務であっても、形のある「モノ」と、形のない「サービス」とでは、ビジネスモデルは大きく異なります。

モノを扱う場合、モノ自体に差別化が必要になります。そのため、自店舗がどのようなコンセプトで商売を行うかを決めた上で、そのコンセプトに合わせた商品を仕入れる必要があります。また、売れ行きや、仕入までのリードタイムも含めた安全在庫がどの程度必要かを考え、それらをコントロールすることも重要です。

一方で、サービス業は、サービスそのものが差別化要因となります。そしてそのサービスを差別化させるためには、サービスを行うスタッフのスキルアップが必要不可欠となるため、マニュアルの整備や人材教育の仕組みの構築が経営の重要なポイントになります。

その他、製造業と小売業を比べると、製造業は自社で製造することが基本になり、差別化を図るには差別化された製品を自社で企画・開発を行う必要があります。一方で小売業は、差別化された商品を仕入れるだけでいいため、自社のコンセプトに合ったもので差別化された商品を、全国あるいは全世界から見つけ出し、仕入れることができるかどうかが重要になります。

なお、製造業でも、自社製品以外に一部他社製品を仕入れて販売している企業も多くあります。しかし他社製品では差別化ができないため、いかにオリジナリティのある製品を提供できるかどうかが製造業の差別化の要になります。そのため、製造業が行う仕入販売は、ラインナップを増やし、販売ルートなどのシナジー効果を発揮させて売上アップを図ることが目的になります。

最後に「地域特性」ですが、その地域の持つ独自性や異質性のことです。各々の地域で、その土地のもつ特徴や特産物、産業、気候などのほか、その地域に住む人たちの特徴も含まれます。

地域特性を活かす事例として、近年日本の大きな課題となっている地域再生があります。この場合、地域の特性を知ることが重要です。例えば、各地域には独自の雄大で美しい景観や、豊かな山海の食材があります。これらの素材を観光資源に昇華できるかどうかが重要だといえるでしょう。

2 「ＢｔｏＢ」と「ＢｔｏＣ」の特徴

ここから、個人M&Aで知っておくべき主な特性をご紹介します。

まずは「ＢｔｏＢ（Business to Business）」と「ＢｔｏＣ（Business to Customer）」の特性の違いです。

ＢｔｏＢは法人向けを対象に行うビジネス形態で、企業が企業に向けて商品やサービスを提供する企業間取引のことを指します。

法人向けであるため、ターゲットは限定されており、また取引先も固定化する場合が多いのが特徴です。また、ＴＶ広告などのマス向けプロモーションは、ＢｔｏＣほど盛んではありません。

続いてＢｔｏＣは一般消費者向けのビジネスで、企業が個人に対して製品・サービスを提供する取引を指します。

例えば、家電やアパレル、各種小売店などが該当します。ターゲット顧客が一般消費者であるため、TV広告や雑誌などのマス向けプロモーションも盛んです。

BtoBとBtoCでは、ビジネスの上でさまざまな違いがあり、それをしっかりと認識した上で、買収の判断をすることが重要です。

まずは**「顧客の判断基準」**です。

BtoBでは、買い手側は製品を決定する際に、品質・使用性などの「機能面」を重視し、自社の業務に必要かどうか、業務の問題を解決するかどうかなどを「合理的」に判断します。そのため、顧客が判断できる材料を、詳細かつわかりやすく資料にまとめて提供し、中身をじっくり吟味してもらうことが重要になります。

一方BtoCで商品・サービスを購入する際は、機能面だけでなく、デザインやブランド力などの「情緒面」を重視します。そしてこれらが個人の満足度や個人の悩みを解決するかどうかという判断のほか、「好き」「かわいい」という「感情面」での理由で衝動買いするケースも少なくありません。そのため、販促ツールやSNSで顧客の感情を高める発信をし、営業トークでその場にいる顧客に即断即決してもらうことが重要です。

例えば、アパレル店員は、来店した顧客にいかにその場で購入してもらえるかが勝負です。それには営業トークで顧客を「この洋服を買いたい」という気分になってもらい、喜んで購入してもらうことが重要になります。

そのため優秀なスタッフは、商品の良いところの情報を提供する前に、顧客の話をじっくりと聞き、顧客のウォンツやその背景を把握します。そして商品の特徴を説明し、その上でその洋服を着て行きたい所を尋ね、その場所をその洋服を着ながら歩くイメージを顧客に持ってもらうようにトークを繰り広げるわけです。これは、人間が頭に映像を浮かべると行動しやすくなる特性を持っていることを利用したものです。

このようにBtoCは、その場の気持ちで購入してもらえるように導くことが重要になります。

次に、**「顧客の意思決定プロセス」**も異なります。

BtoBでは、担当者のほか、その上司や最終決裁者も購入の決定に影響を及ぼすため、複数人が意思決定に関与します。そのため、窓口担当者に対してのみ口頭で説得しても不十分です。したがって、顧客の判断材料を詳細にわかりやすく資料にまとめて提供することが重要になります。

反対に、ＢｔｏＣでは購入者がその場で決定します。子供用商品や塾などのサービスは子供本人ではなく親が関与しますが、基本的には「購入者＝使用者」であり、その商品を使用する本人が単独で決定します。そのため営業トークや販促ツールで、顧客が欲しくなるような具体的な特徴を伝えることが大切です。

続いて、**「購入の継続性」**についての違いです。

ＢｔｏＢの場合、購入する製品は自社製品に搭載する材料あるいは部品が中心となるため、リピート前提で購入が決定されるケースが多くなります。

ただし、ＢｔｏＢでの得意先との取引には常にリスクが伴います。なぜなら、固定客として大量にリピート販売をしていても、トップの交代による方針転換や、新製品開発によって既存製品が製造中止となるなどにより、大得意先がいきなり売上ゼロになる可能性もあるからです。そのため、大口得意先に依存した経営体制は非常にリスクが高い状態であることを認識しなければなりません。

一方でＢｔｏＣは、購入者自身が、その商品を都度購入したり、サービスを受けたりするため、単発での購入となるのが特徴です。そのため、ポイントカードやＳＮＳの登録などで顧客にリピートしてもらうための仕組みや、顧客をファンにまで引き上げるためのブランディングの重要性が高くなります。

特に一般消費者は感情面で意思決定を行うため、機能面だけでなく、デザインや見た目などの情緒面も重要な要素になります。近年はインスタ映えする商品に人気が集まる傾向もあるためＳＮＳの相性が良く、比較的ブランドを確立することが容易といえます。したがって、顧客を囲い込んでリピートを獲得するためには、自社商品のブランド力を高めることが大切になるのです。

このようにＢｔｏＢとＢｔｏＣは、いろいろな面で異なっているため、それぞれの特性をよく知った上で経営することが大事になります。

ただ、これらがまったく別物であるとは限りません。ＢｔｏＢの製品をＢｔｏＣ用に加工して売り出されて成功を収める例もあります。例えば、高性能の部品を法人向けに納めていた金属加工メーカーが、その部品を使って一般消費者向けに高性能な製品を売り出してヒットする場合などです。

つまり、法人向けの製品の中に、消費者のニーズが隠れている場合がある、ということも押さえておくと、新たな価値を創造するヒントになります。

3 「労働集約型」と「資本集約型」の特徴

次に、「労働集約型」と「資本集約型」の違いです。

「労働集約型」とは、人間の労働力への依存度が高く、お金や機械・設備よりも、ヒトの手による仕事量が多い産業のことで、特に中小企業に多いビジネス形態です。

事業活動の主要な部分を労働力に頼っているため、売上高に対する人件費の比率が高くなる産業であり、売上を増やすためには、その分の労働者が必要になります。

例えば、よく言われるのが農業や漁業などの第一次産業ですが、その他にも、介護・飲食店・マッサージなどのサービス業、そして機械化が進んでいない製造業が該当します。

中小企業の労働集約型の製造業の特徴として、労働生産性が低いことが上げられます。大規模製造業でボトルネックになるのは設備であることが多いのですが、労働集約型の中小企業でボトルネックになるのは作業員です。作業員のスキル不足やシングルタスクによって、中小企業の生産性は極めて低い状態にあるケースが非常に多いのが現状です。

そのため、労働集約型産業の生産性を上げるためには、ＯＪＴなどの教育によって従業員のスキルアップを図ることが重要です。それにより、品質の向上、作業スピードの向上、そしてマルチタスク化による作業者の手待ちを回避することが可能となり、生産性向上を実現できるようになります。そしてこれらの人材育成を仕組み化し、新規採用者をいかに短期間で一人前に育てられるかどうかの手腕が、経営者に求められます。

続いて「資本集約型」とは、労働力より設備機械などの固定資本への依存度が高い産業のことで、「装置産業」とほぼ同義です。

事業活動の主要な部分を資本に頼っていて、従業員一人当たりの有形固定資産の比率（資本装備率）が高まる産業であり、稼働率が上がると、有形固定資産に対する売上高の比率（有形固定資産回転率）が高まります。そして売上を増やすためには、その分の設備投資が必要になります。

例えば、機械化が進んだ製造業のほか、電気やガス、通信、エネルギー、鉄道などのインフラ企業も含まれます。

資本集約型企業は基本的に、機械化、自動化、IT化で生産性を高めるビジネスモデルであるため、売上高に占める人件費の割合は下がり、いかに資本効率を高めるかがポイントになります。具体的には、稼働率の向上、生産能力の向上などです。そのため、設備投資にかける資金力のある大企業のモデルといえます。

もし大量生産の製品を製造するビジネスを中小企業が実施しても、最新設備で勝負する大企業に対しては、コスト・品質・生産量のどれをとっても敵いません。

その他にも「知識集約産業」があります。これは、知的労働力や研究開発が収益の源泉となっている産業で、例えばコンサルティングファーム、ファブレスメーカーなどです。一人当たりの資本投下額は大きくはなりませんが、一人当たりの収益力は高くなる傾向にあります。

4 「フロービジネス」と「ストックビジネス」の特徴

次に、「フロービジネス」と「ストックビジネス」の特徴について説明します。

「フロー（flow）」とは「流れ」という意味であり、**「フロービジネス」とは、その都度の取引で収入を上げているスタイルのビジネスを指します。**例えば飲食店や小売店、そして製造業は主にフロービジネスに該当し、中小企業のほとんどがフロービジネスを展開しています。

フロービジネスの特徴は、顧客にとって購入に対するハードルが低いため、比較的集客しやすく、設立（開業）から早い段階で売上を得られるという特徴があります。そのため、創業時のキャッシュフロー面でメリットがあると言えます。

例えば小売店では、新規開店でオープンセールを実施することで集客し、運転資金を確保しながら経営を続けることができます。そのため参入障壁が低いのですが、競争は激しくなります。

フロービジネスは、都度契約を繰り返して収益を得るスタイルとなるため、一度販売した顧客を、二度、三度とリピートさせて囲い込んでいくための仕掛けが必要になります。例えば、ポイントカードはその施策のひとつですが、多くの企業が実施している方法のため、それだけでは十分ではありません。

また一般消費者向けの商品・サービスのため、競争が激しく、市場の流行り廃り、顧客の飽きなどにも影響します。そのため、常に顧客のニーズ、ウォンツに敏感に反応して対応することを心掛けておかなければ、競合他社に顧客を奪われる可能性が高まります。したがって、定期的に顧客が求める新商品を提供するなど、顧客の飽きを回避する施策が重要になります。

このように、顧客を固定化し、常に新たな顧客を獲得する工夫をしなければ、収益を安定させることはできません。

続いて「ストックビジネス」ですが、「ストック（stock）」とは「蓄える」という意味で、**ストックビジネスは顧客と契約を結んだり、会員を確保したりすることで、継続的な**

利益を得るスタイルのビジネスのことです。例えば、通信事業、電力・ガス事業などの大規模インフラ事業が代表として挙げられますが、そのほかレンタル・リースや、会費制のスポーツジム・フィットネスクラブなどが該当します。

ストックビジネスの特徴は、収益が安定するレベルの契約数や会員数を獲得するまでに時間がかかるため、それまでの運転資金の確保が課題となることです。ただし、一定数の契約・会員を獲得できれば、フロービジネスよりも継続的にまとまった収益が得られるので、収益が安定しやすくなります。

その他、エステサロンなどのチケット制は、チケットを使い切ると再販売する必要がありますが、最初にまとまった収益を確保できるため、フロービジネスとストックビジネスの中間的な位置づけのビジネスと言えます。

さらに、同じ商品について、都度販売で展開しつつ、割安感を出した会員制で顧客を確保するという、フロービジネスとストックビジネスを複合させた手法も多く見られます。例えば、生活必需品などの商品の定期購入や、喫茶店のコーヒーのチケット制は、通常のフロービジネスに、ストックビジネスを合わせたものと言えます。

5 「嗜好品」と「生活必需品」の特徴

続いて、「嗜好品」と「生活必需品」の特徴の違いについて説明します。

「嗜好品」とは、実生活に直接必要ありませんが、個人的趣味などで購入するものを指します。ざっくり言ってしまうと、なくても生活していけるものです。

例えば、高価な衣服や時計、装飾品、玩具、たばこなどです。また食品で言うと、栄養を取るための日常の食品ではなく、好きで食べたり飲んだりするもので、高価な食品や菓子類、お酒が嗜好品に含まれます。

嗜好品の特徴は、差別化しやすく、使い勝手の工夫やデザインを洗練させるなどで、価値が一気に高まるケースがあることです。そのため、比較的ブランド確立が容易であり、価格コントロールもしやすく、低価格競争に巻き込まれにくくなります。

また、一般消費者向けの商品がメインになるため、顧客のニーズが多様化している現在、「多品種少量生産」で対応できるため、中小企業にとっては取り組みやすい商品といえます。しかし不況に弱く、市場が停滞、もしくは衰退していくと、需要が一気に冷え込む恐れがあるため、リスクが伴います。

続いて「生活必需品」ですが、これは生活していく上で欠かすことのできない商品です。例えば、食品や衣類、家庭用日用品や燃料などの他、最低限の家電製品なども含まれます。

生活必需品は、不特定多数の一般消費者が日常的に使用するものであり、主に「少品種大量生産」方式で生産されるため、低価格競争に陥るケースが多くなります。そのため、大量生産が可能な、設備の充実した大企業が有利な商品であると言えます。ただし、生活必需品でも差別化した商品を打ち出すことは可能です。独創的な商品になると生活必需品ではなくなるかもしれませんが、中小企業が生活必需品を扱う場合、大企業と低価格競争にならないよう、ターゲットを絞り、そのターゲット特有のニーズを捉えた、差別化された商品を展開することが望ましいでしょう。

6 「見込生産」と「受注生産」の特徴

続いて、製造業における「見込生産」と「受注生産」の特徴について説明します。

「見込生産」とは、需要予測や販売計画に基づいて生産計画を立て、それを基準に生産指示をかけていく生産形態を言います。

見込生産で生産される製品は、主に同種の製品を大量に生産する量産品になります。量産品の特徴は、競合他社が多く市場価格が概ね決まっているため、低価格競争に陥りやすく、価格のコントロールがしにくいことです。そのため、中小企業には適合しにくいと言えます。

見込生産のポイントは「生産性向上」であり、単位時間当たりの生産量を高めてコストを下げ、売上高・利益を増やすことです。少し専門的な言い方をすると、設備の稼働率を上げて、売上高や限界利益（売上高から変動費を控除したもの）への貢献度を増やすということになります。

設備は稼働させなければ売上を生まず、固定費がそのままかかるだけの状態です。つまり、稼働させてもさせなくても同じコストがかかるため、限界利益を上回る価格であれば、固定費と変動費を合わせた経費がマイナスであっても注文を受け、可能な限り稼働させることが重要というわけです。

例えば、ある設備を、8時間稼働させる場合と、16時間稼働させる場合では、生産性は理論上2倍の生産力、そして（需要があれば）2倍の売上高を得ることができるわけです。

これはホテルや旅館でも同様で、限界利益がプラスになる価格であれば、なるべく空室を埋めることが利益向上につながる訳です。

続いて「受注生産」ですが、受注生産とは、顧客の要求する仕様や数量に合わせて個別に生産する生産形態のことをいい、受注生産で生産される製品には、主にオーダーメイドやカスタマイズ品、専門品や試作品などがあります。

受注生産のポイントは、見積価格（粗利率）の基準が明確であり、案件（製品）単位で利益率が十分に取れているかどうかです。

見込生産品では低利益率で「量」を売ってトータルの利益額を稼ぐ必要がありますが、受注生産は「率」での勝負となります。つまり、大量に売ることができず少量で販売するしかないため、一製品（一案件）単位で高い利益率を獲得する必要があるのです。

また受注生産品は、一品一品の製品であるため、量産品のように価格競争がありません。そのため、価格をコントロールしやすく、量産品より高利益率で受注することが比較的容易であるといえます。

ただし、原価を正確に見積もることが前提条件です。

原価というのは、材料費以外に、労務費、外注費、経費があるため、これらすべての経費を加算した原価を算出し、その上で基準を上回る利益が出ているかを把握することが重要です。そのためには、適切な原価管理が必要になります。

しかし実際には、受注生産品も、見込生産品と同様に、低利益率で販売する中小企業が多いのが現状です。これにはいくつか理由があります。

まずは、受注生産で重要なことは見積精度を高めることですが、この見積作成の仕組みが確立されておらず、見積価格の精度が低くなっていることです。

例えば、見積の原価を材料費のみで算出したり、材料費以外の労務費・外注費を少なく見積もったりしていることです。そうなると、本来の原価より大幅に低い原価で販売価格を算出することになるため、利益率が大幅に低下してしまいます。

また、見積作成時の原価算出は複雑なため、見積作成の仕組みを作ることが大事なのですが、多くの中小企業ではその仕組みが確立できていません。

例えば、材料費と外注費は変動費ですが、労務費や経費は固定費です。この固定費をどの程度入れ込むかは原価算出に重要なポイントになります。特に労務費は、働いている時間のみを原価に投入しても、製造スタッフに多くの手待ちがあったり、移動時間や準備時間を考慮していなかったりすると、実際の作業時間以上に多くの労務費がかかることになり、見込んでいた利益を獲得することができません。

続いて、受注生産と見込生産が混在している場合に、見込生産と受注生産の概念を理解せずに原価を見積もるケースです。

例えば、量産品で機械化しやすい見込生産よりも、手作業の多くなる受注生産品のほうがより多くの労務費がかかっているはずなのですが、原価に労務費を含めていない、あるいは双方とも同額の労務費で計算している、という場合です。

また、本来であれば手間暇がかかり、競合のない受注生産は、高利益率で見積ることが求められますが、見込生産と受注生産の概念を理解していないため、双方に同等の利益率を採用しているケースも見られます。

その他、受注生産で想定以上に生産リードタイムがかかってしまい、見積以上の労務費がかかるケースも多くあります。例えば、生産する期間が10日かかると想定して10日分の労務費で見積を計算していたところ、実際には2倍の20日もかかったとします。その場合、労務費は2倍かかることになり、その分の労務費が原価に含まれておらず、利益を圧迫するのです。

このように受注生産品では、見積時の原価と実際にかかった原価に差異が発生することはよくあります。そのため、見積価格と実際価格の差異分析が実施されていること、そして差異が出ている場合、その原因を究明し、次の見積計算に活かしていること、つまりＰＤＣＡが回っていることが重要なポイントになります。

7「固定費型」と「変動費型」の特徴

企業特性の最後は、「固定費型」と「変動費型」の特徴についてです。

「固定費型企業」とは、売上高に対する固定費の割合が高い企業のことをいいます。例えば、設備投資を多額に行う資本集約型の企業であり、大量生産を行う製造業のほか、ホテルやテーマパークのようなサービス業が該当します。固定費型企業は、設備投資が多額に必要になり、初期投資もかかるため、参入障壁が高まります。

固定費の割合が高くなると、利益の変動が大きくなります。例えば「経営レバレッジ係数（限界利益 ÷ 営業利益）」という、売上が変化したときに利益がどの程度変化するかを表す指標があるのですが、固定費の割合が大きいほど、固定費がテコの働きをして経営レバレッジ係数は大きくなり、その分、売上高の増加率より利益の増加率が大きくなります。

つまり、高固定費型の企業は、損益分岐点売上高以上の売上を獲得すれば、利益は大きく伸びるのです。そのため、いかに売上を伸ばして市場シェアを高めていくかが重要になります。

ただし売上高が下がって赤字に陥ると、利益のマイナス幅も大きくなるため、リスクは高まります。

また、固定費が高くなる分、変動費比率は低くなるため、高い固定費を賄える程度の売上、あるいはその売上を獲得するための顧客を初期段階で確保できなければ、事業は成り立ちません。

このように固定費型企業は一般的に、豊富な資金を保有し、多くの既存顧客を持つ大企業がメインになります。

他方、「変動費型企業」とは、売上高に対する変動費の割合が高い企業で、固定費が低い代わりに、変動費（変動費比率）が高い企業のことです。

例えば、小売業や卸売業の企業が該当しますが、原価の中で材料費の占める割合が大きい製造業も、変動費型であるといえます。

●高変動費率と低変動費率

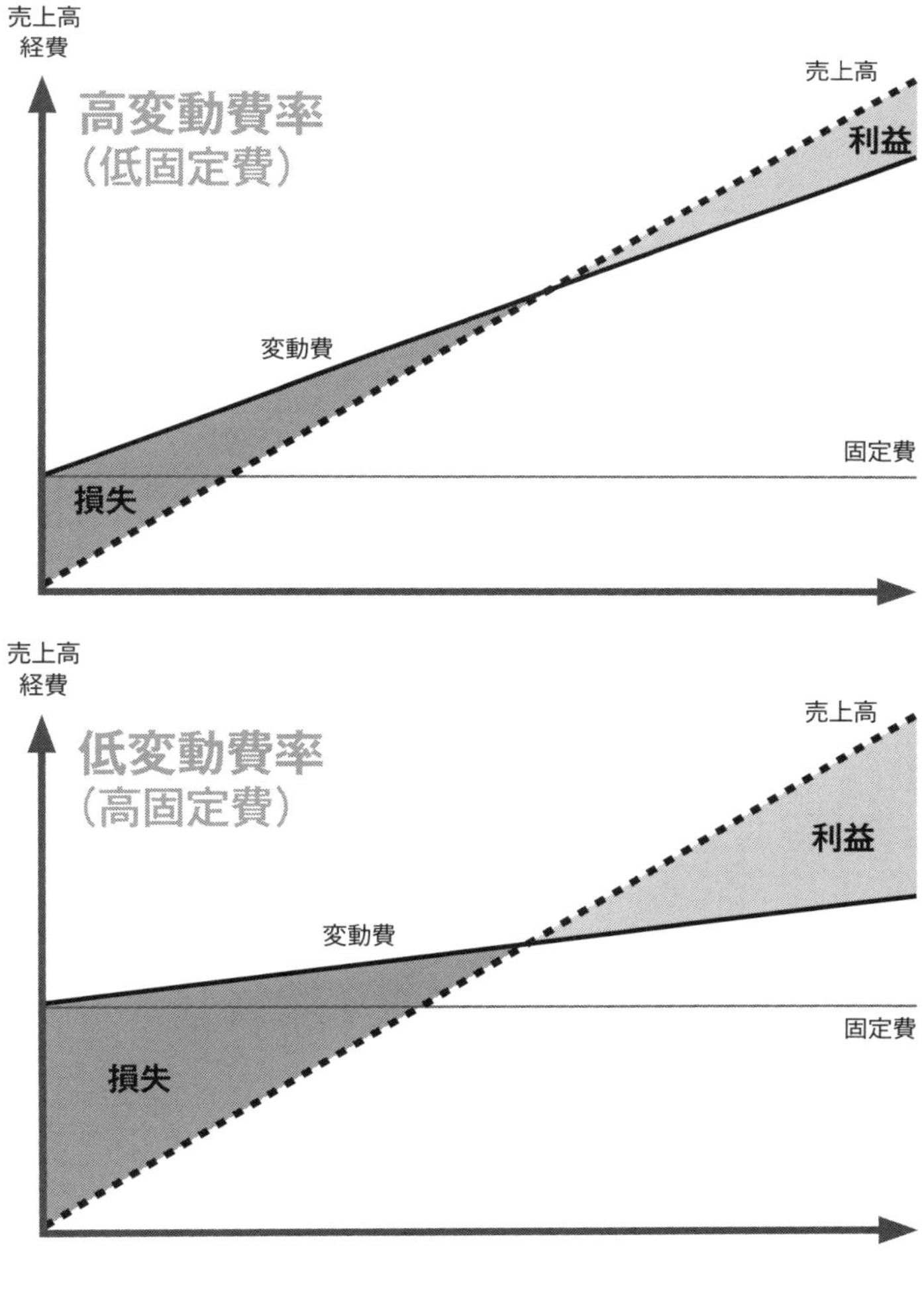

変動費型企業の特徴は、初期投資があまりかからないため参入障壁が低くなることです。また、固定費比率が低いため、比較的少ない売上で利益が出せる一方で、変動費比率が高いため売上高が上がっても利益は大きくは増えません。そのため、値引きをすると赤字に陥る可能性が高くなるため、値引きは慎重に行わなければなりません。

このように、固定費型と変動費型は、業界によって大きく分かれます。

しかし注意が必要なのは、中小企業の場合、業界ではなく個々の企業によって、固定費型なのか変動費型なのかを見極めなければならないことです。なぜなら、同じ業界や同じ商品を扱っていても、企業によってコストの体質が異なっているためです。

そしてこれらを見極める方法は、原価の構成比を見ることが有効です。原価の中で変動費は材料費と外注費、固定費は労務費と経費と、ある程度判別できるため、これらの構成比を見て、対象企業が固定費型か変動費型かを見極めるのです。

第6章

企業買収直前に行う「強みと課題の把握」

個人M&Aで鍵となるのは、ビジネスモデルを明確につかむための「ビジネスDD」ですが、未経験者には慣れないことも多いでしょう。本章では未経験者でも事業の中身について正しく把握するためのノウハウをご紹介します。

1 経営の必須フレームワーク「3C分析」を理解する

M&Aでは、基本合意を締結した後に、ビジネスDDや財務DD、法務DDなどの各種DDを行います。ただし個人M&Aでは、コストの関係でDDを省略するケースも多くあります。また、ビジネスDD未経験、および中小企業経営や経営コンサルティングが未経験だと、買い手企業の事業の現状把握が十分に実施できません。

そこで本章では、個人M&Aで基本合意締結後に行うビジネスDDを省略する場合に、ビジネスDD未経験者でも、ある程度事業の中身について現状把握するためのノウハウについてご紹介します。

まずは、経営を行うために必須である事業環境を把握するためのフレームワークである「3C分析」について説明します。

私（寺嶋）は事業再生コンサルタントとして、さまざまな企業のビジネスDD、つまり事業調査報告書の作成を実施しており、日常的にフレームワークを活用していま す。また、他社の報告書などを目にすることもよくあります。

その中で感じることは、ただフレームワークを使っているだけで、うまく使いこなしていないケースが非常に多いということです。

具体的には、フレームワークは適材適所で、必要に応じて活用することが望ましいのですが、多くの場合、無理やりフレームワークに情報を当てはめてしまっているのです。ロジカルシンキングや問題解決、マーケティングなどをテーマにした書籍で、さまざまなフレームワークが紹介されているため、「調査・分析＝フレームワーク活用」と勘違いしてしまい、フレームワークを無駄に使っているのです。これは大企業などでも見られる光景で、マーケティングなどで顧客や商品を分析する際に、トップダウンで「著名人推奨の特定の某フレームワークを活用せよ」という指示が出る場合があり、この場合、内容に関わらずフレームワークありきで分析することになってしまいます。


しかしフレームワークは、分析のための「道具」であり、状況に合わせて使い分けなければなりません。

さらにもうひとつ大きな誤解は、フレームワークに情報を当てはめるだけで分析できたと勘違いするという、フレームワークをマジックボックスだと勘違いしているケースです。

単にフレームワークに情報を当てはめるだけでは、それは「分析」ではなく、単なる「情報整理」であり、そこから何も導き出すことはできません。

分析とは、多種多様な情報から、強みと問題点（原因）を導き出すことです。そしてフレームワークというのは、各々のフレームワークの要素単位で、この強みと問題点を導き出すことなのです。

そのため、フレームワークに情報を入れるだけではまだ情報が整理された途中経過であり、まだそこから何も導き出せていないのです。だから、フレームワークを活用した後の資料を見ても、「だから何？」「ここから何がわかるの？」という状況に陥ってしまうのです。

このように、さまざまなフレームワークを有効に活用するのは一定の経験が必要になります。

ただし、中小企業の経営においては、これだけ実施していれば必要な情報は概ね網

●3C分析

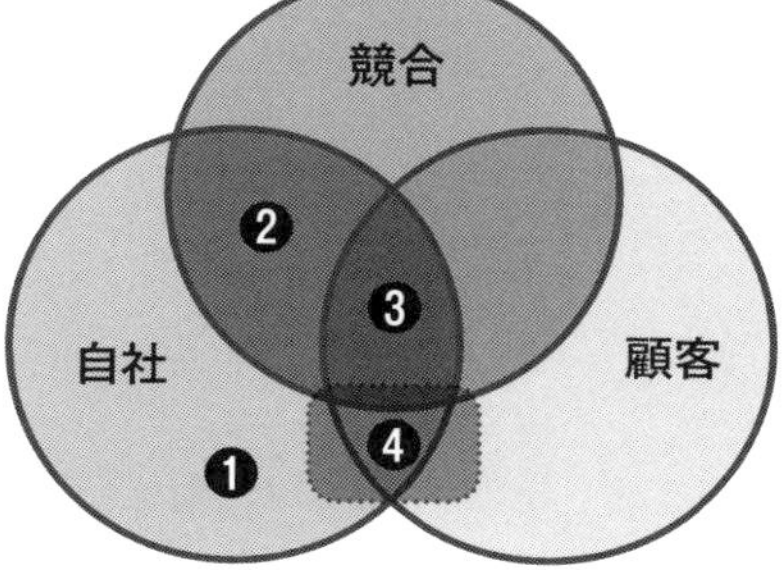

❶ひとりよがり	自社の強みが顧客のニーズ・ウォンツに適合せず、競合も未参入
❷不毛地帯	自社と競合が競争を繰り広げるが、顧客のニーズ・ウォンツには適合せず
❸レッドーシャン	自社・競合の強み・顧客のニーズすべて合致する領域。価格競争に陥る
❹ブルーオーシャン	自社の強みと顧客のニーズが適合し、競合がいない領域

羅できるというフレームワークがあります。それが**「3C分析」**です。

3C分析は、主にマーケティングで活用されるフレームワークですが、中小企業の経営を行う際にも非常に有効です。そして詳細なビジネスDDではなく、簡易的な調査でも、この3C分析を踏まえて各種分析を行えば、概ね事業の現状把握が可能です。冒頭から何度が触れていますが、ここで改めて3C分析について説明しましょう。

再度の説明になりますが、**3**

C分析とは、自社（Company）、顧客（Customer）、競合他社（Competitor）の頭文字を取ったもので、自社と競合他社の問題点と強み、そして競合他社のニーズやウォンツ、悩み事などを抽出する分析手法です。

一般的な3C分析の概念図で3Cの各領域について説明します。

179ページの図の❶は、顧客と競合が重ならない自社のみの領域です。これは、自社の持っている強みが、顧客のニーズ・ウォンツに適合せず、競合も未参入の領域ということであり、「ひとりよがり」と言われます。例えば、競合他社も真似できない独自技術力を駆使して複雑な機能を追求しすぎてしまい、顧客がその機能を使いこなせないばかりか、理解もできない状況に陥ってしまうことです。

次に図の❷は、自社と競合他社が提供するものが、顧客のニーズやウォンツに適合していない領域で、「不毛地帯」と呼ばれます。例えば、自社と競合他社が技術競争を繰り広げて新たな製品や機能を提供しても、その技術や機能に顧客が追い付いていない状況です。これら❶と❷は、いわゆる「プロダクトアウト」に陥ってしまっている状況です。

そして図の❸は、自社と競合の強み（製品・機能）が、顧客のニーズに合致している領域です。ここは「レッドオーシャン（赤い海……血で血を洗うような競争の激しい既存市場）」といって、低価格競争に陥る領域になります。中小企業は、低価格競争に強い大企業には、この領域で勝つことができません。中小企業がこの領域で勝負してしまうと、必要な利益を獲得することができず赤字経営に陥る可能性が高くなるため、避けなければなりません。

最後に図の❹は、自社の強みと顧客のニーズが適合し、競合がいない領域で、「ブルーオーシャン（青い海……競争のない理想的な未開拓市場）」と言います。競合他社が参入しておらず競争がないため、ある程度、自社で価格を設定でき、高利益率で販売することが可能になります。

モノが溢れている現代では、競合他社が参入していない、自社が独占できる市場は限られています。ただし、市場規模が大きい領域はさまざまな大企業が参入するため低価格競争になりますが、ブルーオーシャンの市場は主にニッチな領域であるため、大企業はほとんど参入してきません。そのため、他社が参入していないようなニッチ領域はまだまだ存在してます。

ポイントになるのは「差別化」です。同種の製品であっても、顧客の潜在ニーズのある機能をひとつ追加したり、他の機能を組み合わせたりすることで、ブルーオーシャンになるのです。ニッチな市場では量は売れない分、一個当たりの利益率を上げることで、必要な利益を獲得することができます。

その他、他社が参入していても、競合他社が比較的少なく、そして他社が自社の商圏内に参入していなければ、自社が主導権を握ることができます。中小企業の場合、どこもブランド力が乏しく発信力が十分ではないため、バッティングする機能がターゲット顧客に浸透していないことも多々あるからです。その場合は、ターゲット顧客にいち早く情報を発信することで、先行者利益を獲得することも可能です。

このように、厳密にはブルーオーシャンではありませんが、自社の商圏内での競合他社や顧客の状況を踏まえて3C分析を行うことで、自社の強みを活かす方法はたくさんあるのです。

2 課題と強みの抽出❶ 4P+ブランド、顧客との関係性

M&Aで企業を買収して経営者となるには、中小企業の経営者の仕事とは何かをまずは押さえておく必要があります。

中小企業の経営者の仕事は大きく2つあります。**1つは課題解決、そしてもう1つは成長戦略です。**

ただし、この2つの業務を行うには、会社の内部環境を分析し、この会社の課題がどこにあるのか、そして強みは何なのかを分析して導き出すことが必要です。これを詳細に行うのが「ビジネスDD」なのですが、ビジネスDDはハードルが高く実施が困難だと考える人も多いため、ここではさらに簡易的に、ピンポイントでこれら課題と強みを抽出する方法をご説明します。

なお、これ以降に説明する分析手法は、前項で説明した3C分析をベースにして実

●「4P」と「4C」

企業の視点（4P）		顧客の視点（4C）	
商品	商品ラインナップ、特徴、品質、使い勝手、デザイン、材料、産地、製法	顧客の価値	機能的価値、情緒的価値、価値イメージ
販促	営業・通信・ネット販売、重要顧客の有無、人脈、SNS	コミュニケーション	各種活動による接点、詳細説明、わかりやすさ、丁寧さ、個人の悩み解決
流通	流通チャンネル、商圏、立地、購入方法	利便性	接しやすさ、アクセスしやすさ、買いやすさ
価格	標準価格、値引き価格、支払方法、取引条件	顧客のコスト	心理的ハードル（不安感など）、物理的コスト（距離・時間・金）＋

＋

企業の視点（4P）		顧客の視点（4C）	
ブランド力	付加価値向上、プレミアム価格（高利益率）、指名買い、参入障壁	顧客との信頼関係	リピート化、売上獲得の効率化、安定収入
ブランドの効果	意思決定の容易性、価値獲得、自己イメージ投影、リスク低減	関係性構築の効果	安心感、依頼しやすさ、自社の理解度、個別の要望への対応

施していきます。つまり、問題点の抽出は、自社の問題点、競合他社より劣る内容、顧客のニーズに未対応のものです。そして強みは、他者が実施していない、あるいは他者より優位性があり、かつ顧客のニーズに適合している内容になります。

まずは「4P」と「ブランド」、「信頼関係」という切り口で課題と強みを抽出する方法です。

4Pとは、商品（Product）、販促（Promotion）、流通（Place）、価格（Price）の頭文字をとったもので、主にマーケティングで差別化要因を抽出する際に使用するフレームワークです。

そして4Pは企業側の視点で抽出するものであり、各4Pに対応して顧客側の視点で分析する「4C」というのもあります。

4Cとは、顧客の価値（Customer Value）、コミュニケーション（Communication）、利便性（Convenience）、顧客のコスト（Cost）の頭文字をとったもので、企業側の強みである4Pの各要素に対応した顧客のベネフィット（便益）のことを指します。

つまり、企業側の強みが顧客にどのような便益を誘起しているのかを表しています。

例えば、某掃除機の「吸引力が変らない」という企業側の製品の強みに対し、4Cは「長時間連続使用しても素早くきれいに掃除できる」「手間がかからず掃除が楽」という顧客側の便益がある、ということです。

また、この「4P／4C」に加えて、その会社・商品の「ブランド力」、そして「顧客との信頼関係」が、企業の差別化要因となるものです。そしてこれら差別化要因となる切り口で、強みと合わせて課題も抽出することができます。

まずは4P／4Cから説明します。

4Pの**「商品」**では、例えば商品自体の特徴、商品ラインナップが豊富にあるか、品質や使い勝手、デザイン、使用している材料や産地、製法などで差別化できるものはないか、あるいは課題は何かを探っていきます。

そして商品に対応する4Cの**「顧客の価値」**は、これら商品の機能的価値（商品・サービスの機能や性能によって得られる利便性、利益のこと。例えば時計の場合は、時刻を正確に知らせること）や、情緒的価値（商品・サービス独特のデザインや色、形状で得られるポジティブな感情のことで、美しさや高級感など。時計で言うと、ロレックスなどの見た目やデザイン、高級感などを指す）になります。

次に4Pの「**販促（販売促進）**」ですが、営業力や販促力、通信・ネット販売の状況、安定して売上を確保できる重要顧客の存在、人脈、SNSでの発信力などです。

そして販促に対応する4Cの「**コミュニケーション**」は、この販促活動による顧客との接点であり、わかりやすい丁寧な詳細説明によって商品・サービスの価値を知ることができたり、それにより個人の悩みが解決したり、個人の満足度が得られたりすることです。

続いて4Pの「**流通**」は、より多くの流通チャネルを持っているか、広い商圏で商売ができているか、ターゲットが集まりやすい立地か、などです。

そして流通に対応する4Cの「**利便性**」は、メーカーや販売側との接しやすさ、アクセスしやすさ、買いやすさを指します。

最後に4Pの「**価格**」は、標準価格や値引き価格がターゲット顧客に適合しているかどうかということです。これは単に安いだけではなく、高級品については、高価格帯であることが強みになります。また、支払方法や取引条件が、ターゲット顧客の買い易さにつながっているかも該当します。

そしてこの価格に対応する4Cの「**顧客のコスト**」は、顧客の不安感といった心理的ハードルや、訪問しなければ購入できない場合の店舗までの距離や時間、手元に商品が届くまでの期間、購入金額といった物理的コストを指します。


次に4P／4C以外で差別化ができる要素として、**「ブランド力」**があります。

ブランドとは、前述しましたが、会社名や商品名、或いは店舗名などの名前そのものがブランドではありません。顧客が、その会社や商品・サービスに対して思い浮かべる「価値イメージ」です。つまり顧客が、会社名や商品名を見聞きして、どんなイメージを連想するのかがブランドです。例えば、アップルと聞いてイメージするのは「革新的」「おしゃれ」「高機能」などであり、これらがブランドになります。

そのためブランド力は、知名度があることが前提になるのですが、単に知名度が高いだけではなく、その企業や商品から良いイメージを連想させることができているかどうかがポイントになります。そしてターゲット顧客に対して、どの程度ブランド力があるかが大きな差別化要因となり、顧客との継続的、かつ高利益率での取引に大きな影響を与えます。

ブランド力のある会社は、顧客が、リピーターより上位概念の「ファン」となっている場合があり、顧客は指名買いをしてくれるため参入障壁が築けているのです。

そしてブランド力のある企業や商品を購入する顧客側のベネフィットですが、まずはいろいろと選んだり吟味したりする必要がなく、意思決定が容易になります。また、その企業や商品が持つ価値を獲得できるため満足度が得られます。

その他、その企業や商品が持つイメージを自己のイメージとして投影できます。例えば、高級時計をつけているとあたかも自身が上流階級の人間になったような気分を味わえます。またTVコマーシャルやドラマなどで、人気タレントが身に付けている所有物を自身でも身に付けることで、そのタレントになりきる気分が味わえる、といったことです。

さらに、高品質で使いやすいことがウリの企業であれば、新たな商品をリリースしても、信用して購入することができるため、リスクを低減することができます。

このように、ブランドを確立することで、企業だけでなく、消費者側にもさまざまなメリットがあるのです。

そして最後が、顧客との**「信頼関係」**が構築できているかどうかです。これは、商品の機能面や情緒面での価値ではなく、「人間同士のつながり」に価値があるという考え方です。

大企業の場合、担当者が頻繁に変わったり、意思決定に上層部が関与したりするため、信頼関係が築きにくくなります。そのため、相見積もりで価格を見極めたりしながら、自社の商品に最も適合した商品を適正価格で合理的に選択するケースが多く見られます。

一方で中小企業の場合、古くから取引関係を継続していて、取引が信頼関係の上で成り立っている場合も多くあります。その効果は、互いをよく知ることで安心感があり、特別な取引の場合に納期面や価格面で依頼しやすくなることです。強力なライバルが現れても、ある程度自社の都合に合わせてもらえる関係です。

ただし、ネット販売の普及など、価格競争が激しい昨今では、従来までの関係性を考慮する余裕がなくなって、低価格の商品を選択するケースも増えています。また、信頼関係が社長個人で成り立っている場合、買収後に新たな社長が就任することで、その関係性が失われる可能性も大いにあります。

以上のとおり、自社の強みを見出すには、まずは「4P」、「ブランド」、そして「顧客との関係性」を切り口にして強みを探っていくことが効率的な方法です。

3 課題と強みの抽出❷　業務フロー

課題と強みの抽出方法の２つめは「業務フロー」です。これは前述の４Ｐの「商品」について、なぜその商品が強みになっているのかをさらに掘り下げる場合に活用します。

自社のメイン商品の業務フローを確認することで、いろいろな強みと課題が見えてきます。課題では、生産性の低い工程やボトルネックとなっている工程、品質悪化を招いている工程などが上げられます。また強みの場合は、差別化された製品が、どの工程のどのような技術によってもたらされているかがわかり、より正確かつ緻密に会社の強みを把握することができます。

例を出して説明します。次の図は、あるデザインモデル製作のフロー図で、この会社は、短納期と製品の完成度（品質）が強みの会社です。

●事例:デザインモデル製作

	部門	業務	強み
①	営業	新製品のデザインイメージ入手	
②	システム課(CAD)	完成品デザインの部品展開	部品展開のスピードが早い(高い設計力)
③	システム課(CAM)	機械加工(プログラミング)	
④		機械加工(部品製造)	
⑤	試作課	仕上げ(磨き・削り)	磨き(手作業)の品質が高いため、塗装時にムラのないツヤ出しが可能
⑥	塗装課	調色	メーカーのイメージ通りの調色を迅速に構築可能
⑦		塗装	
⑧	試作課	塗装	

まず短納期が実現できる最も大きな要素は、完成品デザインの部品展開(設計)が早いことで、当社の技術者の高いスキルによって実現しています。また、完成度、品質の高さは、手作業による磨きの品質の高さ、そしてメーカーのイメージどおりの調色を迅速に実施できることで実現しています。そして双方とも、職人の高い技術力によって実現しています。

つまり当社の製品の強みは、スキルの高い職人によって支えられており、OJTによる技術の承継が経営の大きなポイントになることがわかるのです。

4 課題と強みの抽出❸　顧客フロー

課題と強みの抽出方法の3つめは「顧客フロー」です。製造業では前述の業務フローを活用しましたが、サービス業などの店舗型業務の場合は、こちらの顧客フローを活用します。**なお、顧客フローとは、顧客がサービスを受けるための一連の動きであり、小売など店舗で買物をする場合は、顧客の動線や行動経路になります。**

店舗経営で重要なことは、まずは顧客フローを整理して「見える化」し、現状を把握することです。そして一つひとつの顧客と店舗およびスタッフの接点で、いかに価値を高められるかがポイントになります。そのため、各接点で、競合他社より劣るところや、顧客に不快感や退屈な思いをさせているところがあれば、それが課題であり、その課題を解決するための施策が必要になります。そしてその解決方法は、各々の接点で何が顧客にとっての価値になるのかを見出し、その価値を構築させていくことで

●事例:美容院

	顧客フロー	業務・内外装	強み
①	集客・予約	ネットメディアで予約受付	・ターゲット顧客と強みが明確 ・内装や施術の雰囲気も把握できる
②	外観	店舗の外装	・独特の世界観のあるお洒落な佇まい
③	入店	挨拶・案内	・満面な笑顔 ・丁寧な接客
④	内観	店舗の内装	・落ち着いた高級感溢れるお洒落な内装
⑤	カウンセリングブース	カウンセリング	・個々の顧客の要望と特徴に合わせたプロのスタイリングの提案 ・安心感と納得感を得られる丁寧な説明
⑥	施術	カット・カラー・パーマ、シャンプー、マッサージ	・徹底した社内教育による高品質な社員の施術
⑦	商品紹介	商品紹介	・顧客の髪質に合わせた商品の紹介
⑧	お見送り	お見送り	・笑顔でのお見送りの徹底

す。

次の図の、美容院の顧客フローを整理した事例で説明します。

まず顧客は、ネットメディアで自分の行きたい美容院を探します。そのため店舗側は、自社の店舗に来てほしいターゲット顧客を設定し、そのターゲット顧客に、当社の強みと顧客の利益を伝えます。ここで競合他社に必要以上に料金を合わせる必要はありません。他社より高くても、自社が自信をもって、価値の高いサービスを提供していることを伝えることが大事です。反対に、ここで価格訴求を行って低価格の表示をしてしまうと、低価格だけが目的の顧客ばかり集めてしまいます。

次の接点は外観の雰囲気です。コストはかかりますが、当店のイメージや世界観が伝わる外観であることが望ましいといえます。

続いての接点は顧客の入店時の対応です。スタッフから挨拶がない、あるいは挨拶が目も合わせない、そっけない態度であれば、顧客はいい気分にはなれません。一方で、入店の時に、スタッフから満面の笑みで丁寧な対応を受ければ、施術の前から顧客の印象は大きく上がります。

そして内観は、外観と合わせた、顧客に合った雰囲気であることが望ましいです。なお、この事例は美容院ですが、飲食店の場合は特に、店内の雰囲気が味の評価にもつながります。例えば、高級食材を使った高級料理を味わう場合、店の雰囲気が豪華であれば、顧客はより高級感を味わうことができ、食する料理もより高級な印象を受けます。しかし、一般食堂のような安価でやや古びた雰囲気で、掃除も行き届いていないような所では、同じ食材を使った同様の料理を提供しても高級感は半減します。

このように内観の雰囲気は、実際のサービスの質に大きく影響するものなのです。

次に、本事例の美容院はカウンセリングブースを設けており、そこで顧客の要望を確認し、その顧客の要望と特徴に合わせたスタイリングの提案を行います。その丁寧な説明により、顧客は安心感と納得感が得られ、満足度は高まります。そしてこのカウンセリングは、他社にはない大きな価値になり得ます。

ただし、このビジネスモデルでは、カウンセリングで顧客一人に多くの時間がかかるため、回転率が下がり、ある程度高い料金設定をしなければ利益を出すことが難しくなります。また、個々の顧客に対する個別のアドバイスは、一定のスキルが必要になります。そのため、個々のスタッフのレベルが、顧客に満足感を与えられるレベルに達しているか、そしてスタッフの教育体制が確立しているかどうかがポイントになるといえるでしょう。

続いて施術ですが、当然、顧客の要望、そして提案内容に対して、顧客の満足度を得られるスキルがあることが最重要課題になります。そのため、カウンセリングと同様、スタッフのレベルと教育体制が重要項目になります。

次に、商品紹介です。無理な売込は禁物ですが、市販にはない、かつ相手の髪質などに合わせたシャンプーやトリートメントなどを提案できれば、顧客は喜んで購入するようになり、また店舗側としては、部品販売による売上増加が見込め、さらに顧客の固定化につながるというメリットがあります。

そして最後はお見送りです。旅館ではないので過剰な見送りは不要ですが、笑顔でお見送りされると、顧客は気持ちよく帰ることができます。

こうして顧客フローの各々のプロセスで、価値が見い出せているか、課題は何かを探っていくのです。

このように顧客フローを切り口に分析することで、例えば施術の前後にビフォーアフターの写真で顧客に仕上りを確認したり、施術中に頭皮マッサージを行ったりするなど、更なる差別化で新たな価値を見出すことも可能です。

第7章

中小企業経営で押さえるべき「重要ポイント」

ここまで何度もお話したとおり、個人M&Aを成功させるには、中小企業を買収した後の「経営」をどう回していくかが重要になります。最後の章では、経営者となった立場から会社を上手く動かくしていくために必要なポイントを、要点をまとめてお伝えしましょう。

1 「ビジョン」の明確化

本章では、M&Aで実際に企業を買収して中小企業の経営者になった後の「経営」を適切に実施するための、押さえるべき重要事項を解説していきます。個人M&Aで会社を買った方は、本章の1～7項の重要ポイントについて、買収した会社に足りないものを見つけて、優先順位を付けて取り組むとよいでしょう。

まずは「ビジョン」の明確化です。

第3章で明記したとおり、企業が活動方針を決定するための基本概念には経営理念・ミッション・ビジョンが一般的で、その中で最も有効なのが「ビジョン」です。従業員一人ひとりの力を最大に活かすためには従業員全体のベクトルを合わせる必要があり、それには会社が目指すゴール（ビジョン）を共有する必要があるからです。個性や性格、得意分野などが異なる人材をまとめつつ、個々のやる気を引き出し、個々の得意分野を活かすためには、目指すべきゴールを示すことが重要なのです。

ビジョンは、数値目標という定量面と、将来の目指す姿といった定性面があり、双方を示す必要があります。なお、目標とする売上高や利益、店舗数などの定量面を示すことはさほど難しいものではありませんが、定量面だけでは従業員のやる気を引き出すことはできません。重要なのは、従業員もイメージできる定性面のビジョンです。個々の従業員が、そのゴールを明確に頭に描くことができ、業務の中でそのゴールを目指せるようなビジョンを構築することが重要なのです。

しかしこのようなビジョンを示すのは意外と難しいものです。よくあるビジョンの例として、「地域再生に貢献する」や「従業員が幸せになる会社」など、どの会社でも活用できるような内容がありますが、これでは言葉として理解できたとしても、実際の業務内容とつなげることができないため、従業員には刺さりません。そのため、多くの中小企業の経営者は有効なビジョンを描くことができず、将来について「今まで通り経営ができていればいい」「もう少し収益が上がれば」というレベルのイメージしか持っていないのです。

このように、ビジョンが重要であるとわかっていても、従業員のモチベーションを引き出し、個性を活かすビジョンを構築することは容易ではないのです。

最も望ましい組織というのは、「従業員全員が同じゴールを共有して同じ方向を向いていること」、そして「従業員のやる気と自立心を促し、さまざまな施策のアイデアを従業員自ら考え、打ち出し、実践する組織」です。

つまりこれからの組織は、多様な個性の集まった集団の中で、ベクトルを合わせながら、個々の個性と力量を最大限に活かす組織を目指すべきです。

こうした組織を作り上げるには、組織活動のベースとなるビジョンが欠かせません。

そしてこのような組織を構築するために必要となるビジョンの要素は、大きく3点あり、次のとおりです。

❶従業員が、言葉で理解できるだけでなく、具体的に頭にイメージできること

❷ビジョンが会社独特の内容であること

❸ビジョンが個々の従業員の業務に直接関連し、業務内容とゴール達成が直接結びつくこと

そしてこうしたビジョンを構築するために有効なのが、「ブランド・アイデンティティ（ＢＩ）」をビジョンにすることです。つまり「ＢＩのビジョン化」です。

ＢＩとは、自社や自社の製品・サービスについて、「顧客にどう思われたいか」を明確にしたもので、ブランド力を向上させるための軸になるものです。そしてこのＢＩをビジョンにするのです。

このＢＩのビジョン化は、さまざまな効果を上げることができます。

1つめは、従業員への浸透が容易であることです。

経営者にとって経営理念やビジョンを社内へ浸透させることは、時間と労力がかかる非常に大変な業務です。例えば半年程度で社内に経営理念を浸透させるというコンサルティングも存在するくらいです。しかし、いくら時間と労力とコストをかけても、理念やビジョンを組織の隅々まで浸透させることは困難なのが現状です。これは、そもそも理念やビジョンが浸透しにくいことが原因なのです。

2つめは、全従業員のベクトルが一致しやすいことです。

社内へのビジョンの浸透と同様に、全従業員のベクトルを合わせることは、経営者にとって非常に難易度の高い業務と言えます。しかし「顧客にどう思われたいか」と

●ビジョンの明確化

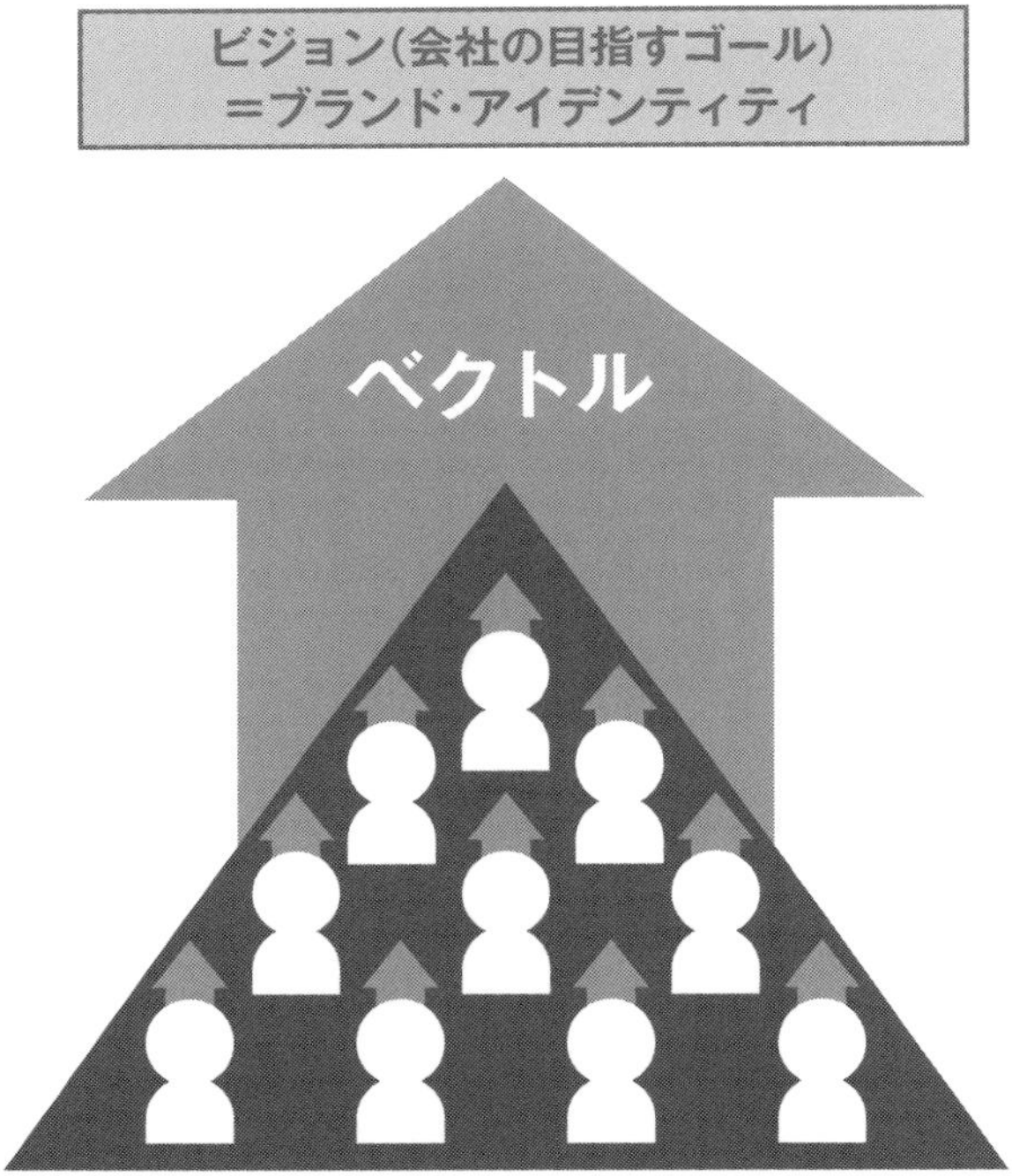

●ブランド・アイデンティティをビジョンにするメリット

①社員への浸透が容易
②全社員のベクトルが一致しやすい
③経営者、社員一人ひとりが顧客軸
④顧客軸による経営判断で、経営者の判断力が向上
⑤社員の士気向上、自主性向上、レベル向上
⑥組織の統制、意思統一が容易で、組織力が向上

いうシンプルなビジョンであれば、従業員にとってイメージしやすいだけでなく、ビジョンと各従業員の業務を紐づけしやすくなります。そのため、経営者だけでなく、従業員一人ひとりが同じゴールを目指すことが可能となり、ベクトルが合いやすくなるのです。

3つめは、経営者だけでなく従業員一人ひとりが「顧客軸」で物事を考えることができるようになることです。

社内会議などで議論が対立し、解決策を見出すことができない要因のひとつは、各人が自分都合や、各部門の都合で物事を考えることにあります。

例えば、料理店などでは、顧客の要望に応じて料理を変更したいと考える店長と、自身の考えた料理を変えたくないと考える厨房側との対立があります。また、メーカーなどでは案件受注のためにコストを下げたいと考える営業部と、品質問題を起こしたくないため一定のコストが必要であると考える製造部との対立です。

これらは、各々の部門や個人の都合で議論をするため、話し合いが平行線に終わってしまうのです。そのため、各部門や各人が「顧客軸」で考えて議論をすれば、「軸」が統一されてブレることがなくなるため、このような対立が生まれることは少なくなります。

4つめは、物事の判断を常に顧客軸で行えるようになるため、経営者の経営判断や、各従業員の判断力が向上することです。

これからの企業経営は、物事の判断とアクションのスピードと質が問われる時代です。そして経営判断を誤る大きな理由は、顧客よりも企業側の論理で判断すること、つまり「企業軸」で考えていることが要因です。しかし成功している企業の経営者は例外なく、顧客軸で物事を判断しています。そして従業員一人ひとりが顧客軸で物事を考えて行動しています。このような組織にする方法として、BIのビジョン化は非常に効果を発揮するのです。

5つめは、従業員のモチベーションや自主性が向上することです。

ビジョンをBIにすることで、従業員の業務がビジョンと直結し、「顧客にこう思われるためにはどうすればいいのか」と自身で物事を考え、判断できるようになります。従業員を指示通りに作業させるだけでは、従業員は業務に飽きてしまい、従業員の士気を向上させることはできません。しかし、自分自身で物事を考え、判断できるようになれば、従業員の仕事への充実感は高まり、自然と士気が上がるのです。

最後に6つめは、組織の統制や意思決定が容易になり、組織力が向上することです。

ベクトルが合っていれば、経営者にとって組織を統制することは難しいことではなくなり、経営の意思決定により組織全体を動かすのも容易になります。そして個々の従業員が自ら考えて行動するようになることで、従業員は成長してレベルアップしていくため、それが更なる組織力向上につながるのです。

このように、BIのビジョン化は、さまざまな効果を短期間で実現することができる、まさに「経営のマジック」と言えるものです。

BIの事例として、小売店の経営者が顧客から「他の店舗では売っていない、見たことがない新しい商品が、丁寧なPOPでわかりやすく紹介してくれるから、買い物が楽しくてワクワクする！」と思ってもらいたいと考えたとします。そこで「ショッピングで『ワクワク』新発見」というBI（ビジョン）を設定します。すると、これをビジョンとして従業員に目指すべきゴールを示すことができます。さらに、BIとして顧客にも当社の取組み姿勢を容易に浸透させることができるため、ブランド力向上に役立てられます。そしてこのBIが社内に浸透すれば、店長が簡単に指示を出すだけで、従業員自らが常に新しい商品を探して仕入れたり、その商品の良さをPOP

でアピールしたりするようになることが期待できるのです。

その他の事例で、北関東を地盤にした和食レストラン「ばんどう太郎」は「親孝行」を経営理念に掲げています。ビジョンではありませんが、すべての従業員が同じ方向を目指せるという意味でビジョンの要素を持った経営理念だと言えます。つまりこの経営理念は、従業員全員が「親孝行と同じように顧客に接すればいい」と考えることができるため、個々の顧客がしてほしい接客を、各店舗スタッフが自ら考えて顧客に提供することができる、すばらしいものだと言えます。

大手企業から中小企業まで、優良企業と呼ばれる企業は例外なく、顧客軸で経営を行っています。そして優良企業の基本のビジネスモデルは、細かい顧客のニーズに応え続けることであり、常に顧客の心をつかみ、リピート顧客やファンになってもらうこと、そしてそのような顧客を増やしていくことです。そのためには、従業員全員が顧客の方向を向き、従業員一人ひとりが顧客にとって有意義なことを考えて実行することです。そして「顧客にどう思われたいか」をビジョンにすることで、個々の従業員の力を顧客に直接向かわせることができ、それにより組織力が高まって企業を持続的に成長させることができるのです。

2 経営の「PDCA」の仕組み構築

続いての経営のポイントが、経営のPDCAを回すことです。

PDCAとは、第3章でもご説明しましたが、**Plan（計画）、Do（実行）、Check（検証）、Action（改善行動）の頭文字を取ったもので、経営状況を振り返り、問題があれば改善する、ということを繰り返すものです。**そしてPDCAを回すためには、まずは試算表で当月の実績を前年同月実績や計画と比較して業績状況を把握し、その上で現場の状況を確認して課題を解決していきます。

例えば、直近の月の実績が、赤字や前年同月を下回る場合、なぜ業績が赤字なのか、あるいは前年より下回ったのかの原因を究明します。数値上の実績の原因は必ず現場にあるので、数値を確認した上で現場での収益悪化の要因を探るのです。そして収益を悪化させた原因が見つかれば、改善策を構築して改善のアクションを起こします。

●PDCAを回すためのベースとなる試算表と予算管理

R3.3期 単月		実績	前年同月実績	差額	比率
売上高	売上高	3,416,839	38,375,476	-458,637	88.2%
	売上高合計	3,416,839	38,375,476	-458,637	88.2%
	(構成比)	11.1%	11.0%	0.1%	100.5%
売上原価	当期商品仕入高	2,381,206	2,722,112	-340,906	87.5%
	原価合計	2,381,206	2,722,112	-340,906	87.5%
	(原価率)	69.70%	70.20%	-0.50%	99.2%
売上総利益		1,035,633	1,153,364	-117,731	89.8%
(粗利率)		30.3%	29.8%	0.5%	101.8%
販売費及び一般管理費	役員報酬	200,000	200,000	0	100.0%
	法定福利費	30,498	28,683	1,815	106.3%
	人件費合計	230,498	228,683	1,815	100.8%
	(売上高人件費比率)	6.7%	5.9%	0.8%	114.3%
	広告宣伝費	40,000	0	40,000	
	旅費交通費	18,192	21,297	-3,115	85.4%
	通信費	9,336	23,567	-14,231	39.6%
	消耗品費	0	500	-500	0.0%
	支配手数料	6,800	10,800	-4,000	63.0%
	保険料	8,420	12,680	-4,260	66.4%
	租税公課	12,900	11,000	1,900	117.3%
	支払報酬料	30,000	44,260	-14,260	67.8%
	雑費	102,110	80,000	22,110	127.6%
	販管費合計	458,246	432,787	25,459	105.9%
	(売上高販管費比率)	13.4%	11.2%	2.2%	120.1%
営業利益		577,387	720,577	-143,190	80.1%
(売上高営業利益率)		16.9%	18.6%	-1.7%	90.9%
営業外収益		0	0	0	
営業外費用		73,795	73,795	0	100.0%
経常利益		503,592	646,782	-143,190	77.9%
(売上高経常利益率)		14.7	16.7	-42	88.3%

(単位:円、%)

さらに現場の問題解決だけでなく、顧客の新たな要望に合わせた施策も打ち出して成長施策を実行するのです。

このように中小企業の経営者は、常に業績と現場の状況を把握しながら、タイムリーに問題解決と顧客ニーズへの対応を繰り返すことで、経営を安定化させ、かつ成長させることができるのです。

ここで注意が必要なのは、中小企業の場合、これら一連のタスクはすべて経営会議の中で行うということです。つまり経営会議では、業績の確認や現場の現状把握だけでなく、業績悪化の原因究明や改善施策、つまり「答え」まで構築して、即座にアクションが取れるようにする必要があるのです。

ここが大企業との大きな違いになるのですが、大企業の場合は経営会議で戦術まで構築しません。なぜなら、経営者が戦略を構築し、具体的戦術は各部門で組み立てる、というすみ分けが明確になっているからです。

具体的には、大企業では、各部門長が戦略を構築し、各部門内で具体的な戦術を構築して行動します。そのため経営会議では、経営者は予算（計画値）が達成しているかどうかを確認することが中心になります。そして予算未達の場合、各部門長からその理由の説明を受け、予算達成に向けて叱咤激励するのみです。

しかし中小企業では、管理者を含めた部門スタッフだけでは、具体的施策を構築することも、改善施策を実行に移すこともできません。なぜなら、現場スタッフは目の前の作業に追われており、戦術の構築という思考業務にも慣れていないからです。

また、実際の中小企業は試算表を発行しないケースが多いため、毎月の業績を確認することができていません。業績を把握せず、現場も振り返らないため、問題が起きても根本的な改善策を打ち出すことができずに問題が積み重なっていきます。その結果、連続赤字や債務超過に陥ってしまうのです。

市場環境の変化が激しく、顧客のニーズや競合他社の状況の変化が目まぐるしい昨今では、タイムリーに業績と現状を把握し、速やかに市場環境に合わせた施策を打ち出して現場の課題解決を図ることは、生き残るためには必須の業務なのです。

3「戦略と戦術」の構築

続く中小企業の経営のポイントは、経営者自ら、戦略に加えて具体的な施策（戦術）まで構築することです。

企業活動を行うには、戦略と戦術が必要です。

戦略とは、企業活動の方向性を示すもので、例えば「新規開拓営業を強化する」や「既存顧客のリピート率を高める」といったものです。

一方で戦術とは、戦略の具体的手段であり、例えば、「新規開拓営業を強化する」という戦略に対し、「東京23区の食品会社に絞って、週5社訪問する」といった、アクションレベルの具体的内容になります。

ビジネス書や専門家の間では「戦術より戦略が大事」「戦略は経営者が構築し、戦術は部下が構築する」と言われていますが、これは経営資源が豊富で、経営・組織体制が確立している大企業の論理であり、中小企業の経営には当てはまりません。なぜなら、大企業の場合は売上規模が膨大なため外部環境に大きく影響を受けますが、中小企業の場合、外部環境の影響は受けたとしても、規模が小さい分ある程度戦術でカバーできるからです。

そのため中小企業では、業界全体が低迷していても、多面的な販促などの手法を繰り広げることで、十分に売上を向上させることが比較的容易なのです。**つまり、中小企業にとって「戦術」こそが重要なのです。**

なお、中小企業の従業員の業務は作業中心のため、考えることが比較的得意ではありません。したがって、経営者が戦術構築を部下に投げかけても、良いアイデアは生まれにくいのです。

そのため、市場環境の変化が激しい昨今では、顧客ニーズの変化などにすばやく対応することが求められ、その変化に迅速に対応するには、経営者自らが現場の状況を迅速かつ正確に把握し、タイムリーにその変化に適合した戦術を打ち出すことが重要なのです。経営者が戦略だけを構築して戦術を現場に丸投げする手法では、このような迅速な対応はできません。

ただし、経営者自ら業務を行うわけではないため、いくら現場を把握しているといっても限度があり、アクションレベルの詳細まで緻密に戦術を構築するのは困難です。

そこで、部門横断的に新たな施策を検討する場合、経営者が自ら戦術の「たたき台」を構築し、その原案を踏まえて従業員を巻き込んで議論することが有効です。たたき台があれば、従業員は自分達の具体的アクションのイメージを描くことができるため、現場スタッフからその原案に対する意見が出しやすくなります。

従業員からアイデアが出ないのは、アイデアを出すための糸口がなく、ゼロからでは何も頭に描くことができないからです。しかし、たたき台で行動のイメージが見える化された状態であると、各自が具体的なアクションを描写しやすくなるので、それを切り口にさまざまなアイデアを出せるようになるのです。

そして、たたき台をベースに修正を重ねることで、最終的には従業員自身が決定することになります。内容の検討に加わり、最終決断を行ったことで、従業員自身の責任感とやる気を醸成することにもつながり、まさに一石二鳥の効果が期待できるのです。

4 徹底した「生産性向上」の実現

続いて中小企業の経営で重要なのは、徹底して生産性を向上させることです。これは日本の中小企業全体の課題とも言えるものです。

生産性とは、投入した生産要素に対する付加価値の割合（付加価値÷投入した生産要素）ということです。ここの「投入した生産要素」とは、具体的には設備などの有形固定資産と、従業員を指します。そして各々の生産性を図る指標としては、資本生産性（付加価値÷有形固定資産）と、労働生産性（付加価値÷従業員数）があります。なお「付加価値」とは、売上から外部購入費を引いたもので、概ね「営業利益＋人件費」と捉えてください。そして「生産性が低い」とは、これら資本生産性と労働生産性が低い状態だということです。

「資本生産性が低い」とは、「企業が保有する有形固定資産から生み出される付加価値が低い」ということで、ざっくり言うと、設備の稼働率が低いということです。ただし資本生産性は、外部環境の影響によるところが大きいともいえます。というのは、日本の大企業は平成に入り、安い賃金を求めて海外生産の比率を高めていったため、その煽りを受けて国内需要が減少したからです。その結果、日本の中小企業全体の生産性が下がっていったのです。

このように日本の中小企業の資本生産性の低さは、日本の構造的な問題にも起因しているため、一企業が改善するのは簡単ではありません。各企業で新たな顧客を開拓するか、新たな事業を展開するかなどで対応するしかないでしょう。設備は稼働率が低くても事業には必要なものであるため、設備を減らすという選択肢はありません。そのため自らの企業努力で需要を増やし、稼働率を上げるしか方法はないのです。

なお、中小企業は、業績悪化に加え、需要も縮小しているため、新たな設備投資の必要性もなくなっています。そのため、耐用年数を過ぎた設備をずるずると使い続け、それが生産性の低さの要因のひとつにもなっているのです。

一方で「労働生産性が低い」とは、「従業員一人当たりの生み出す付加価値が低い」ということで、従業員一人ひとりの生産性が低いことを意味します。ざっくり言うと、現場の生産効率が悪く、無駄な業務と無駄な人材が多い、ということです。**そして中小企業にとって特に喫緊の改善課題となっているのが、この労働生産性の低さです。**なぜなら労働力は、自社都合で増やすことも減らすことも比較的自由にコントロールできるからです。

現場で働く労働者は、主に「ブルーカラー（単純労働者）」と「ホワイトカラー（定型業務）」、そしてもうひとつの「ホワイトカラー（クリエイティブ業務）」があります。そして労働生産性が停滞している要因となっているのが、ブルーカラーと定型業務のホワイトカラーです。

ブルーカラーの低生産性は、労働集約型の業務で多く見られます。例えば、シングルタスクの従業員の存在による手待ちの発生、無駄な業務や業務手順の非効率性、システム化やＩＴ化の遅れ、などが挙げられます。

これらの改善策としては、まずは業務の手順を見直し、無駄な業務は排除することです。中小企業の業務の中には、不要な業務を慣習的に継続していたり、単独で実施可能な業務を複数人で実施したりするケースがあります。そのため、最も効率的な手順を、最適人数で実施できるように見直すのです。

その他、ＯＪＴやマニュアル化による従業員のスキルアップを図り、従業員のマルチタスク化を実現して従業員の手待ちを回避することも重要です。中小企業の場合、ボトルネックになるのは設備ではなく労働者であることが多いため、社員教育によるスキルアップを体系化して速やかにスキルアップを図ることは極めて重要です。

また定型業務のホワイトカラーでは、標準化が進んでおらず、属人化している業務も存在しているため、ルーチン業務でも非効率な状況となっています。そのため、業務を見直して標準化を図り、さらにシステム化・ＩＴ化を行って効率性を高めることも重要です。中小企業の場合、パソコンが苦手な従業員もいるので、紙ベースでデータを記入するなど、極めて非効率な状況が散見されます。そのため、設備投資が困難な場合でも、最低限データ化を進めて作業と管理を省力化し、数値は加工して経営に活かせるようにする必要があります。なお現在はクラウドコンピューティングで、安価にシステムを導入することが可能です。導入には、商工会議所などの専門家派遣で支援も受けることができます。

ちなみに、この定型業務のホワイトカラーの労働生産性の低迷は、中小企業だけでなく大企業にも多く見られます。

大企業では、ピラミッド型の大所帯の組織体制が構築されています。そして事業部内に人材が溢れ、組織体制が多部門化、多階層化しているため、さまざまな業務で非効率な業務が生まれています。そのため、部下の成果物のチェックや、上層部からの指示を下層部に伝えるメッセンジャー業務が主要業務となっている管理者も多くいます。また、上層部になるほど現場の仕事から離れてしまうので、現場の状況を把握できていない者も多く在籍しています。そのため、現場の従業員が、決定権を持つ上層部を説得させるために、その材料作りの業務や実際の説得に、膨大な時間と労力を費やしていることも往々にして起きています。

上層部が現場を把握できていないと、自身の仕事を部下に丸投げするようになります。そして丸投げされた部下も、現場より上司の指示する業務を優先するので、部長以上になると現場の状況を把握できなくなるのです。**つまり、上層部が現場を知らないことが原因で、多くの無駄が生まれるのです。**

さらに、多階層組織では、現場からの提案を上層部に提示する際に、いくつもの階層を経由しなければなりません。そしてその都度説明が必要になるため、非効率なだけでなく、無駄な時間と労力がかかってしまいます。また途中のチェックで、各部門に都合の悪い、上層部には知られたくない情報がカットされることもあるため、決定権のある幹部は客観的な情報をつかむことができません。現場を知らない幹部は、部下から上がってくる、現場に不都合な情報がカットされた提案資料が現状把握のすべてであるため、経営判断のスピードだけでなく、質も下がってしまうのです。

そしてこのような状況は、大企業だけでなく、ある程度規模の大きい中小企業でもよく見られる光景です。中小企業といっても規模が拡大していくと大企業を模倣し、従来のピラミッド型の組織体制を構築していきます。そして本来の小規模組織の強みである「スピード」と「小回りの良さ」が失われていくのです。

そのため、**業務や手順の見直しだけでなく、組織体制をシンプルに見直し、役割も明確にして、業務スピードを意識しながら「価値」のある業務を最適人数で運営する仕組み作りが大切です。**

特に定型業務は今後ＡＩに置き換わる可能性があるので、これからは業務全体を大きく見直す時期であると言えます。

5 徹底した「現場主義」の経営

続く中小企業経営のポイントは、社長が現場主義に徹することです。

個人M＆Aで経営者を目指す人は、大手企業のサラリーマンや、経営に関する学習をしてきた人も多いと思います。しかし中小企業の経営は、机上の知識が豊富でかつ未経験者ほど失敗しやすい側面があります。なぜなら、ビジネス書などの知識を豊富に持つと、知識やテクニックに偏重したり、理論で人を動かそうとしたりする傾向があるため、従業員や顧客などの「現場」がどのような状況なのかという「想像力」が欠如してしまい、現場を無視した意思決定を行ってしまうからです。

正しい意思決定をするには手順があります。次のとおりです。

❶現状（業績と現場の状況）を把握すること

❷現場の問題点・顧客のニーズを見出すこと
❸原因究明をすること
❹改善策のゴールイメージを描くこと
❺ゴールに向けての具体的な施策を構築すること

このように正確な経営判断と意思決定は、まずは徹底して現場の状況を理解し、現場の問題や顧客のニーズを捉えた上で、それらに適合した施策を構築するからこそ、精度を高めることができるのです。

現場の状況を捉えずに机上の知識やテクニックに走ってしまうと、いくら論理展開が正しくても、導き出した施策は、現場を考慮していない、自身の持っている極めて限定的な知識や経験を当てはめただけのものなので、現場に適合した精度の高い施策を打ち出すことができないのは当然の理屈なのです。

また、従業員との信頼関係を構築することも、中小企業の経営には非常に重要となります。経営者と従業員の信頼関係が構築できていない中で経営者があれこれ指示を出したところで、従業員は動きません。

人間は感情の動物なので、理屈では人は動かないばかりか、反感を持たれる可能性もあります。そのため、思考は合理的・論理的に行う一方で、相手との対応は感情面に訴えながら接し、その上で合理的な根拠を示すことが大切です。

また大企業の従業員は、管理者の指示によってさまざまな業務を日常的に実施しています。そのため大企業の管理者は、部下に概要を伝えれば、細かい手法を伝えなくても部下が自ら詳細を吟味して組み立てていき、具体的な業務を実行することも多いと思います。これは、大企業の従業員が上司のさまざまな指示で業務を行う意識を持っていること、自身で考えて仕事をすることに慣れていること、そして組織体制が確立しているため上司と部下の上下関係が明確になっていることが要因です。そのため管理者は、簡単な指示と、成果物のチェックをするだけで良かったのです。

しかし中小企業の場合、従業員は自身の担当する業務しか教わっていないことが多いため、それ以外の業務を行うという意識が希薄になっています。また、業務が属人的で個々の業務が固定化されており、従業員は自身の業務にしか意識が向いていません。そのため、いくら社長が指示を出しても、現場のスタッフは従来通りの仕事を続けるだけでうまくいかないのです。

しかし、いきなり大企業のように組織体制を確立することは難しいのが現状です。

さらに、旧来型のピラミッド型組織を強固に構築してしまうと、縦割りの弊害や、業務スピードの低下を招き、生産性を著しく低下させる恐れがあります。

そこで、組織体制という機能面ではなく、社長と従業員との信頼関係を構築し、従業員が納得しやすい環境を作り上げるのが有効です。

社長と従業員の信頼関係が構築できていれば、従業員は社長の指示に無理なく応えてくれますし、多少の無理も聞き入れてくれます。また、従業員も社長に話しやすい状況になるため、社長も現場で発生したさまざまな出来事を把握しやすくなります。

そして何といっても、互いが気持ちよく仕事ができる関係になります。

その際に、経営者としてのスタイルも気を付けなければなりません。

もしワンマン型の経営者スタイルで独裁的に従業員を統制しようとすると、従業員はその場では社長の指示どおり動きますが、良い関係は構築できません。そしてやる気のある優秀な従業員は会社を離れていき、ＹＥＳマンか社長の陰口を言う従業員ばかりが残ってしまうため、中長期的には良い結果にはなりません。

もちろん、ワンマン経営で成功している経営者は多くいます。ただし、もし前社長がこうしたワンマンスタイルでうまく従業員を統制できていたとしても、それを継承することは望ましいとは言えません。なぜなら、このワンマン経営での成功は、社長の個性的で強力なリーダーシップ、そして社長と従業員のパワーバランスとそれを踏まえた信頼関係で成り立つものだからです。新たに就任した社長は、従業員にはまだ社長として心底認められておらず、また従業員との信頼関係も築けていないため、前社長の見様見真似で部下をコントロールしようとしても部下は離れていくだけです。そのため社長に就任したら、まずは従業員との信頼関係を構築することに力を注ぐことが重要になるのです。

なお、社員との信頼関係を構築する方法は、従業員一人ひとりとしっかりコミュニケーションを取ることです。

具体的に現場に入ってまず実施することは、従業員と一対一の会話ができる環境を作ります。そこで各従業員の話に耳を傾けて、会社の内情を把握していきます。そしてその会話の中では、相手に共感し、その上で、自分がどのような会社を作りたいか(ビジョン)、そしてどのように会社を経営していくか(戦略や方針)について、熱意をもって伝えることです。

この従業員との一対一での腰を据えての対話は、年に1〜2回、定期的に行うことが有効です。なぜなら従業員は社長からの承認欲求を欲しているため、その欲求を満たすことで信頼関係を維持できるからです。そしていずれは、「目標管理」へ発展させて、従業員の目標設定や、業務への取組みに関するフィードバックにも活用していけば良いでしょう。

それ以外にも、ちょっとした声掛けなどの日々のコミュニケーションも大切です。具体的には相手を名前で呼び、笑顔で激励の言葉を伝えるのです。

「名前で呼ぶ」という行為は、単純ですが、信頼関係構築に絶大な効果があります。なぜなら、名前で呼ばれた相手は「自分のことをしっかり見てくれている」という承認欲求が満たされるからです。また、笑顔で対応することで、重要員は「自分に好意を持って接してくれている」という認識を持つことができ、より関係性を深める効果があります。

また、日々のコミュニケーションの中で、現場の意見を吸い上げることも大切です。従業員のちょっとした困りごとに話を傾けること、そして迅速に対応して環境を整えることで、従業員のモチベーションは向上し、パフォーマンスも上がります。

6 従業員が成長し自立できる「ワンチーム」づくり

続いての経営のポイントは、社内で協調性（チームワーク）を高める環境を構築し、「ワンチーム」作りを進めることです。

中小企業は前述のとおり、経営体制や組織体制が曖昧で、統制が不十分な場合が多くあります。そういう組織体では、人間本来の性質が出てしまいます。

具体的には、人間はそもそも、「楽してたくさんお金を稼ぎたい」と考えます。そのため、組織体が曖昧で統制が不十分な中小企業では、従業員は組織の管理に縛られないため、自分勝手に自身の仕事のテリトリーを決めてしまうなど、なるべく自身に負荷がかからないような言動を繰り返します。こうして従業員の業務が固定化されていくので、新たな業務を行うのに消極的になってしまいます。また、給与は安く、大企業の半分から3分の1程度しかもらっていないため、仕事が増えることに対して不満を持ちやすくなります。

その他、人間は「自分を中心に、自分都合で考える」傾向があります。つまり、顧客にとって何が有益なのかを考えないだけでなく、周囲へのちょっとした配慮もできない人も少なくありません。またベテラン従業員になると、自身の業務の縄張り意識が高まり、新たな従業員がその業務に加入しても、業務のノウハウを教えないといった状況が生まれます。

例えば、業務でわからないことがあった時、同じ部門の人に質問をしても「自分で調べなさい」とそっけなく答える人がいます。確かにネットで調べてすぐに解答が見つかりそうな内容であれば、自分で調べるべきです。しかし、調べるのに時間がかかりそうな内容や、そもそも業務特有のノウハウであれば、ネットで調べても明確な回答が得られません。

つまり「調べて簡単にわかること」と「業務の中で習得するノウハウ」、そして「考えて導き出すこと」という業務の特性のすみ分けができておらず、質問に対して機械的に「調べなさい」と指示してしまうのです。これは本来の教育や指導ではありません。そうすると、周囲から教わればば1分程度で終わる内容も、調べるのに数十分からそれ以上もかかってしまい、その間は業務が止まってしまいます。そしてこのような状況が積み重なると、膨大な時間を無駄に浪費することになって生産性が大きく低下します。またノウハウを教え合うこともないので個人の成長が進まず、それによる業務の品質低下も招いてしまうのです。

その他、人間は「変化を嫌う」生き物です。これは脳科学的にも言われていることであり、人間の脳自体が楽をしようとする構造になっていて、慣れるには一定の期間がかかります。そのため、人間は誰しも仕事が変更になったり新たな業務を追加されたりすることに消極的になるのです。

このように、未統制の組織体制では、人間のエゴが前面に出てしまい、組織が属人的に硬直して組織力が低下してしまうのです。これらを改善するために、組織体制を見直すことも一案なのですが、M&Aで買収した新社長がいきなり組織を大幅にいじるのは、従業員の抵抗が大きく混乱を招くリスクが高いため、お勧めしません。

そして組織を改編することなく従業員をまとめる方法のひとつとして挙げたいのが、前述した「BIのビジョン化」を実行することです。

しかしこれだけでは、会社全体では有効ですが、個々の従業員の業務レベルまでは行き届きません。なぜなら、結局従業員は目の前の仕事に追われているので、そもそも自身の仕事だけにしか関心を示さなければ、いくらＢＩをビジョンに設定したところで、彼らには単なるスローガンにしか映らない可能性もあるからです。

そこで、個々の従業員の意識を変えることが必要になります。そのために行うことが**「ワンチーム」**です。

以前はこの言葉を危険視する動きもありました。なぜなら、間違うと低賃金・過剰労働といったブラック企業につながるからです。ブラック企業の手法のひとつは、誰もが納得できるような経営理念を掲げて、その実現のために一致団結することを従業員に求め、低賃金・過重労働を強いるのです。

しかし従業員は、不満に思う人材は会社を離れますが、残った従業員の多くは、理想とする経営理念に洗脳に近い状態で思考停止に陥っているため、その状況を受け入れるのです。そうなると単なるＹＥＳマンに陥り、現場の問題解決や顧客ニーズを満たすための「考える集団」にはなりません。

経営者にとって重要なことは、従業員全員が、楽しみながら気持ち良く仕事ができる、そして従業員が常に成長し、自立できる環境を構築することです。そのために必要なことが、経営者も含め、従業員同士が差別や偏見なく、全員が各々で協調性を発揮し、チームワークを高めることです。そしてその具体的な方法が、従業員全員がワンチームの意識を持ち、自身のノウハウを共有する関係を築くことです。つまり従業員ひとりひとりが、自身の持つノウハウを教え合う風土を作り上げることです。

仕事を通じて「成長する」ということは、業務の中でより多くのノウハウを知ること、そしてそれらのノウハウを習得して自身のスキルとして昇華させることです。

しかしながら、仕事をしながら効率化を図ったり、スピードを高めたり、質を高めたりするノウハウを生み出すことを、得意とする人と不得意な人がいます。また、そもそも勤続年数の長いベテラン従業員のほうが、勤続年数の短い従業員よりも多くのノウハウを持っています。そして中小企業は、部門内でＯＪＴが徹底できておらず、それらのノウハウが共有できていないため、同じ部門内でも従業員によってスキルに大きな差が出てしまうのです。

そこで、すべての従業員が、自身が業務を通じて身に付けた、あるいは周囲からの指導で身に付けたノウハウを共有する意識を持ち、ノウハウの共有を仕組み化した体制を作り上げれば、従業員はより多くのスキルを迅速に習得することができます。その結果、従業員の成長は早まり、個々の従業員および組織全体の生産性が高まります。さらに、従業員が成長すること、そして周りに教え合うことで、全員の承認欲求が満たされ、従業員の士気も高まり、従業員の自立化を促進させるのです。

このような組織作りのためには、仕組みと合わせて「社風」として会社全体の雰囲気を作り上げることが有効です。そして前述の「ＢＩのビジョン化」に加えて、「スキルを高め、ノウハウを教え合って成長する組織」を社風として掲げれば、すばらしい企業になるはずです。

なお、優秀な従業員の中には、会議中での議論の中で「論破」することを得意とする社員もいるかもしれません。また、経営陣の主張に反論できず、すべて受け入れるような組織風土となっている場合もあります。しかし議論の目的は「より良い結論を導くこと」です。「論破すること」でも「上司の言うことを忠実に聞く」ことでもありません。そのため、「各々の意見を合理的に判断し、より良い結果を導く」ことを重視するよう、経営者がコントロールする必要があります。

そのためには、**各人が必ず「意見」を言うこと、「答え」を出すこと、そしてその答えの「根拠」を示すことを徹底することです。そしてその根拠によって、その意見**

の良否や質を見極めるようにするのです。

その他、成果主義の是非もよく議論になりますが、これは状況によりけりなので、ワンチームの概念に適合するかどうかで個別に判断することをお勧めします。

例えば美容院で、顧客の紹介制度を導入して、ひとり紹介する度にインセンティブを受容できる場合であれば、従業員のモチベーションが向上するため、実施したほうがいいかもしれません。ただし、ただ成果主義を導入するのではなく、顧客が喜んで顧客を紹介するためのノウハウを仕組み化し、常にブラッシュアップすることが必要です。その上でスタッフが積極的に紹介を促すために成果主義を導入すれば、個々の従業員はより高いレベルに向かって成長できるようになるでしょう。

しかし、いきなり成果主義を導入し、信頼関係もなく強制的に競争原理を働かす手法は望ましいとは言えません。なぜなら、競争原理が働くことで社内で教え合うという風土が失われ、足の引っ張り合いになりかねないからです。さらに業務の基礎レベルの知識が不十分な中で競争する関係になると、必要な情報やノウハウを共有できず、なかなかひとり前に成長できません。中小企業は人材が不足しているため、ストレスから退社する人が増えてしまう恐れもあります。

7「ブランド経営」の実践

最後に、中小企業の経営者のポイントは、「ブランド経営」を実践することです。

「ブランド」とは、第3章で説明したとおり、顧客が会社や商品・サービスに対して思い浮かべる価値イメージであり、会社名や商品名を見聞きして連想するイメージのことです。

そして「ブランディング」とは、企業の価値を高める活動のことで、例えば価値の高い商品を提供すること、そして価値を発信し続けて浸透させることです。

また、製品だけでなく「業務」の価値を高めるのもブランディングのひとつであり、IT化による生産性向上や、従業員のスキル向上によって品質を向上させたり、製品の価値を向上させたりすることも、ブランディングのひとつです。

そして「ブランド経営」とは、経営者が行う業務について、ブランド力向上を最重

要課題として取り組む経営のことです。

経営者の仕事は、その会社の状況や経営者の得手不得手によって異なります。実際に中小企業の経営者は、営業やマーケティングに注力したり、現場に籠って仕事をしたりなど、それぞれまったく異なった仕事をしています。また、外部から来た業界の素人の経営者が企業を大きく成長させた例も多くあります。そのため「社長とはこうあるべき」という固定観念を持つ必要はありません。ただし、社長が何に注力すべきかを見極め、その優先順位を決めることは重要です。

中小企業の経営者の中には、誰でも実施できるような作業を行っている人もいます。例えば、会計入力や事務関係などです。従業員数が少なく業績が悪化している企業では、社長自ら事務作業を行わなければならない事情があり、致し方ないケースもあります。しかしながら、事務作業は、慣れていれば経営者でなくてもできる作業であり、本来の経営者の仕事ではありません。

では中小企業の経営者が優先すべき業務は何かというと、それは企業価値を高める業務、つまり「ブランディング」です。そしてその価値を高める業務を仕組み化することで、従業員がルーチン業務を行うだけで価値が高まるように、仕事をアップグレードさせるのです。

では「ブランド経営」とは具体的にどのような活動かというと、**直接的に売上高や利益を短期的かつ中長期的に向上させ、企業価値を高めるための一連の施策を最優先に取り組む経営のことです。**そしてそのためには、常にブランド力向上および企業価値向上を念頭に入れて、各業務に取り組む、あるいは見直すことが大切です。

例えば、ホームページにさまざまな情報を追記してSEO対策を行うこと、また、商品紹介ツールを単なる商品紹介だけでなくブランディングの要素を追記してグレードアップさせることなどは、価値を高める施策です。具体的には、従来のホームページや商品紹介ツールに、当社のBIやミッション、取り組み姿勢、細かいこだわりなどを紹介して、顧客に自社の価値を浸透させるようにすれば、単なる情報発信から、価値を浸透させるブランディング活動に進化させることができます。そしてこれらの情報を、SNSで多くの顧客に発信することも、価値を浸透させる重要なブランディングです。

製造業では、市場環境の変化が激しい昨今では、市場のニーズに合わせた商品開発を迅速に行う体制づくりがポイントになります。また、IT化や機械化などによって生産性を上げることや、新たな商品を開発して市場に投入することも、利益の向上に直接つながる、価値を高める業務です。ただし中小企業の場合は資金不足で新たな投資が難しいかもしれません。それでも、各工程を見直して品質向上や効率化を図ることも値向上につながる立派なブランディングと言えます。

小売店では、コンセプトを明確にすること、そのコンセプトに適合した、他店舗にはない商品を日本全国、あるいは世界中から仕入れることがベースになります。また、各商品の素材や製造工程のこだわりなどの特徴を紹介するPOPを掲載したり、特設コーナーを設けて週替わりに商品の特徴を紹介したりするなど、各商品の価値を高めることが、小売店全体の価値を高める活動になります。また、店舗だけでなくネット通販に展開して商圏を広げる取組みも、ブランド経営のひとつといえます。

さらに、従業員のスキルを高め、モチベーションを向上させることも、各人の実務力向上、組織力向上、そして価値向上に直接つながる施策といえるでしょう。

このようにブランド経営とは、自社の価値を高めるための多種多様な活動のことであり、中小企業の社長は、このブランド経営を優先的に実施することで、企業価値を高めることができ、企業の成長や業績の安定化を図ることができるのです。

M&A

おわりに

近年「人生100年時代」と言われるようになりました。この言葉は、リンダ・グラットンとアンドリュー・スコットの著書『LIFE SHIFT　100年時代の人生戦略』（東洋経済新報社）で提唱された言葉であり、2007年に日本で生まれた子供の50％が107歳まで生きると予想しています。

また、大企業に就職しても一生働けるとは限らない状況になりつつある一方で、高齢者雇用安定法の改正により、定年や継続雇用制度などが65歳から70歳へ引き上げる努力義務が課せられました。

その他、現在の日本の公的年金の受給開始年齢は原則65歳ですが、この年金受給開始年齢は、いずれは70歳に延長されるであろうと言われています。

これらの状況を単純に考えると、70歳で退職しても30年間は年金だけで生活していく必要が出てきます。大企業で一定の役職まで昇りつめた人であれば、大量の退職金と積み立てで安定した老後生活を送ることができるかもしれません。しかし多くのサラリーマンは、30年間年金だけで暮らしていくことは難しいでしょう。そうなると、70歳以降はどうやって収入を得るかが大きな問題です。

つまり多くのサラリーマンが、退職後の収入をどのように確保するかについて真剣に考えなければならない世の中になっているのです。

そして問題はお金だけでありません。退職後の人生をどう考えるか、つまり「生きがい」をどう見出すかが重要です。

日本の大企業では、役職定年を迎えると管理職から一般社員になるため、管理職手当てがなくなり年収が大きく落ち込みます。それだけではなく、仕事も第一線からははずされるケースがほとんどです。そして役職定年の年齢は概ね55歳であるため、70歳まで同じ会社で働けたとしても、55歳から15年もの間、ラインから外れた補助的な立場で仕事をしなければなりません。

第1章でワーク・エンゲージメントについて取り上げましたが、やはり仕事をするのであれば、ただ収入を得るだけではなく、活力・熱意・没頭の3つが揃った状態であることが、仕事人生を豊かにすることだと思います。そのためには、生涯現役で働ける環境を自ら獲得する必要があり、その選択肢というのが、独立やM&Aです。

独立の方法は、法人を設立して起業する方法がありますが、第1章で紹介した通り、非常にリスクが高いです。また個人事業主として働く方法は、低コストで運営できますが、中国でギグワーカーが2億人に達するなど、既にレッドオーシャンの状態です。そのため高いスキルと豊富な人脈がなければ、個人だけで顧客を獲得、維持していくことは大変です。ゆえに、さまざまな経営資源を活用でき、一定顧客を持つ企業を買収するという個人M&Aが非常に有効なのです。

経営者というのは責任の重い仕事ですが、目の前の仕事だけに注力する従業員とは全く異なるものです。会社の戦略構築、経営判断と意思決定、資金配分や人材配置、そして外部経営者との連携など業務範囲は広く、さまざまな経験を積むことができるため、非常にやりがいのある仕事です。

ただし、本書で示したとおり、個人M&Aも当然リスクを伴うものです。そのため、今まで経験してきたスキルをしっかりと棚卸し、自分は何ができるのか、どうしたいのか、そしてどうなりたいのかを真剣に考えた上で決断することが大切です。先に述べた通り、今の現代は行動することもしないこともリスクであるため、自身がどの道を選ぶとしても、是非後悔のない人生を送っていただきたいと思います。

最後に、この本を出版するにあたり、多くの方々にご協力いただきました。一緒に執筆してくれましたM&Aアドバイザーの原田総介様、幡野康夫様、小野田直人様。M&A事例などをご紹介いただきました株式会社つながりバンクの齋藤由紀夫様。出版社紹介にご尽力いただきました有限会社インプルーブの小山睦男様。そして内容について的確なアドバイスをいただきましたスタンダーズ株式会社の河田周平様。みなさまには心から感謝いたします。ありがとうございました。

それから最後までお読みいただきました読者の皆様、本当にありがとうございます。皆様が本書を通じて充実した仕事人生が送れることを心から願っております。

2021年2月

(株)レヴィング・パートナー

代表取締役　寺嶋直史

3

以下のIDとパスワードを、画面に表示される「ID（あるいはユーザー名）」（*）と「パスワード」欄に入力して、「OK（あるいはログイン）」（*）ボタンをクリックします。

ID：358245
パスワード：826617

4

申込フォームに必要事項を記入し、「申込」ボタンをクリックします。

5

「申込」ボタンをクリックすると、4で入力したメールアドレス宛に、ダウンロード案内のメールが届きます。メールの本文にアクセスすると「ダウンロードしますか？」（*）と表示されるので、許可してダウンロードしてください。

（*）ご使用のブラウザーによってコメントは異なります。

※ご登録いただいたメールアドレスは、株式会社レヴィング・パートナーとその関連団体にて、お客様と連絡を取るという目的以外では使用いたしません。

読者限定特典
〈簡易ビジネスDDサンプル〉ダウンロードについて

本書をご購入いただいた方に特典として、「簡易ビジネスDDサンプル」を、下記の方法でWebからダウンロードしてご利用いただけます。

1

ブラウザを起動し、アドレスバーに下記URLを入力するか、右のQRコードを読み取って、株式会社レヴィング・パートナーのホームページにアクセスします。

http://www.reving-partner.com/

アドレスバーに入力(すべて半角英数字)

2

表示された「株式会社レヴィング・パートナー」のホームページの【書籍「個人M&A大全」をご購入のお客様特典】の「いますぐダウンロードする」ボタンをクリックしてください。

●参考文献

大原達朗「サラリーマンが小さな会社の買収に挑んだ8カ月間」(中央経済社)

高橋聡「起業するより会社は買いなさい」(講談社)

三戸政和「サラリーマンは300万円で小さな会社を買いなさい」(講談社)

ロバート・キヨサキ「金持ち父さんのキャッシュフロー・クワドラント」(筑摩書房)

加藤真朗他「弁護士・公認会計士の視点と実務 中小企業のM&A」(日本加除出版株式会社)

梅田亜由美「中小企業M&A実務必携 法務編」(株式会社きんざい)

リンダ・グラットン、アンドリュー・スコット「LIFE SHIFT 100年時代の人生戦略」(東洋経済新報社)

大前研一「個人が企業を強くする」(小学館)

中野信子「あなたの脳のしつけ方」(青春出版社)

寺嶋直史「儲かる中小企業になるブランディングの教科書」(日本実業出版社)

寺嶋直史（てらじま なおし）

事業再生コンサルタント。中小企業診断士。（株）レヴィング・パートナー代表取締役。大手総合電機メーカーに15年在籍し、部門で社長賞等多数の業績に貢献、個人では幹部候補にも抜擢される。その後独立してコンサルティング会社を立ち上げ、多くの中小の再生企業を、経営や業務の見直し、ブランディングの仕組み構築など、さまざまな問題解決により再生に導いている。その他、1年で一流の経営コンサルタントを養成する「経営コンサルタント養成塾」の塾長として、金融知識、問題解決の思考法、ヒアリング手法などの基礎から、事業デューデリジェンス、財務分析、経営改善手法、事業計画、マーケティング・ブランディングなど、さまざまな講義を実施。著書に『再生コンサルティングの質を高める 事業デューデリジェンスの実務入門』（中央経済社出版）、『儲かる中小企業になる ブランディングの教科書』（日本実業出版社）などがある。

原田総介（はらだ そうすけ）

M&Aアドバイザー。事業再生コンサルタント。中小企業診断士。（株）リバースオリジナル代表取締役。上場企業のグループ会社にて店舗の戦略立案から運営管理全般を担う。企業に勤めながら、M&Aアドバイザー、事業再生コンサルタントとして経験を積み、その後に独立。M&Aアドバイザーはマッチングサイトなどで中小企業を中心に支援。事業再生コンサルタントとしては、飲食店などを中心に店舗の売上向上や顧客目線での業務改善を得意とする。

幡野康夫（はたの やすお）

ハタノ経営支援サービス代表。大手通信会社の事業企画部にて新規事業の立上げ業務に従事した後、複数の会計事務所にて中小企業の記帳・会計指導、管理会計の導入支援等の業務に従事。2013年中小企業診断士登録。独立後は商工会議所、金融機関等の依頼により中小企業の経営改善、資金繰り改善支援等の業務に従事している。

小野田直人（おのだ なおと）

補助金活用支援会合同会社代表社員。完全オンラインで補助金活用の支援をするサービスを構築。約50名の中小企業診断士が所属。低コストオペレーションにより「ものづくり補助金」など、難易度の高い補助金も着手金ゼロ、完全成果報酬型の安心価格でサービスを提供中。中小企業診断士向けpwmc（パラレルワークマスターコース）とよばれる塾を運営し、同資格を活用して副業をしたい人を支援している。

小さな会社を買って成功するための
個人M&A大全
失敗しない「企業買収」と「中小企業経営」の極意

2021年4月30日　初版第1刷発行

著　者　寺嶋直史・原田総介・幡野康夫・小野田直人

編集人　河田周平

発行人　佐藤孔建

印刷所　中央精版印刷株式会社

発　行　スタンダーズ・プレス株式会社

発　売　スタンダーズ株式会社
〒160-0008 東京都新宿区四谷三栄町12-4 竹田ビル3F
営業部 Tel.03-6380-6132　Fax.03-6380-6136